心之所向　新之华章

心新教育

教泽常新

张喜忠 著

新华出版社

图书在版编目（CIP）数据

心新教育：教泽常新 / 张喜忠著 . —— 北京：新华出版社 , 2024. 11.
ISBN 978-7-5166-7756-8

Ⅰ. G63

中国国家版本馆 CIP 数据核字第 2024R2A799 号

心新教育：教泽常新
作者：张喜忠

责任编辑：徐文贤	封面设计：李欣越

出版发行：新华出版社有限责任公司
　　　　　　（北京市石景山区京原路 8 号　邮编：100040）
印刷：天津中印联印务有限公司

成品尺寸：170mm×240mm　1/16	印张：19.5　　字数：278 千字
版次：2024 年 11 月第 1 版	印次：2024 年 11 月第 1 次印刷
书号：ISBN 978-7-5166-7756-8	定价：88.00 元

版权所有·侵权必究
如有印刷、装订问题，本公司负责调换。

微店

视频号小店

抖店

京东旗舰店

扫码添加专属客服

微信公众号

喜马拉雅

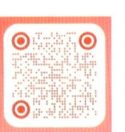
小红书

淘宝旗舰店

华耀未来 迈向卓越

壬寅春月 郎风远书

华迈奇迹

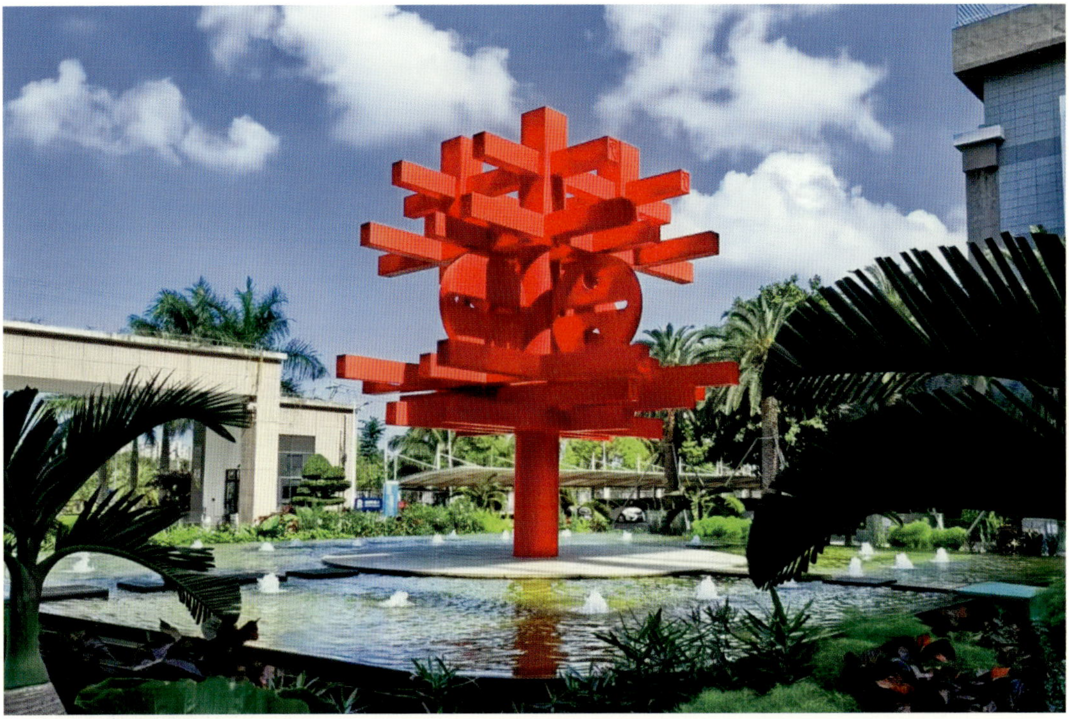

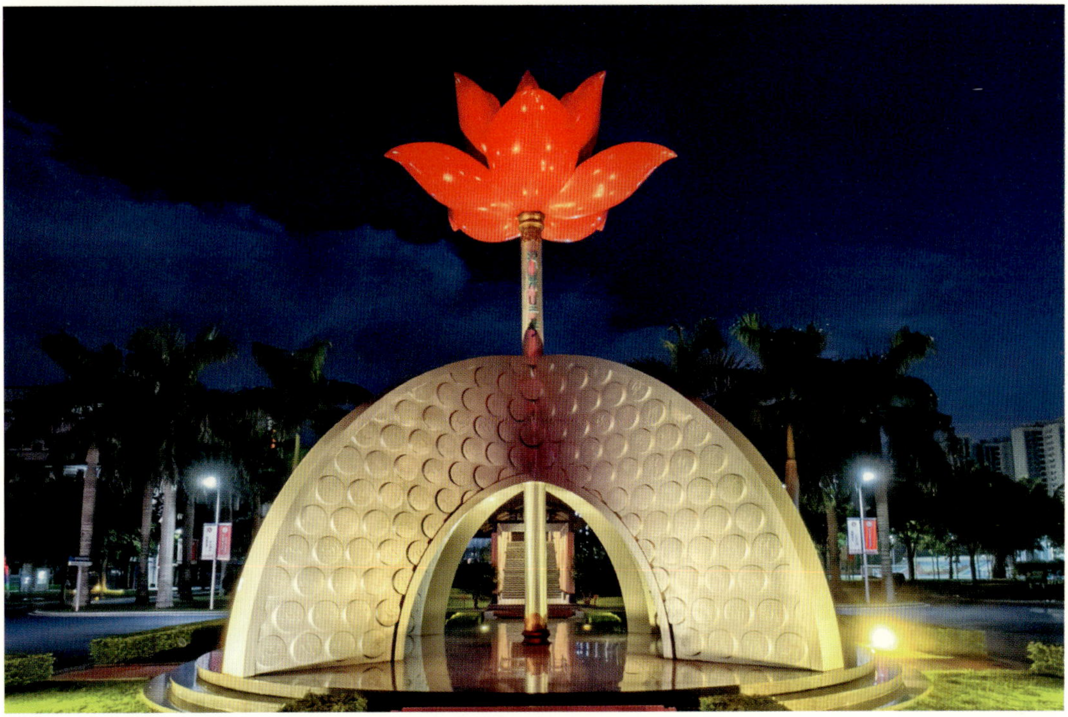

"心新场域"润物无声

"五育融合"桃李春风

"科技海洋"独辟蹊径

"三线合一"教学相长

为推进中国教育现代化不懈奋斗
——华东师范大学澄迈实验中学的辉煌五年与教育启示

01 结缘：华东师范大学基础教育集团与华迈中学的诞生

2017年，是教育改革发展进程中意义非凡的一年。《国家中长期教育改革和发展规划纲要（2010—2020）》和《上海市教育综合改革方案（2014—2020）》对推广学区化和集团化办学提出明确要求，在此背景下，华东师范大学基础教育集团应运而生。作为华东师范大学副校长兼教育集团主任，我深知教育资源共享与合作办学对于提升教育质量的重大意义。

同年8月，我赶赴海南省澄迈县考察合作办学事宜。澄迈，这片拥有独特文化与教育需求的土地，让我深感责任重大。我希望能通过华东师范大学的教育资源和理念，为当地基础教育注入新的活力。经过多方努力，2018年11月，华东师范大学与海南省澄迈县人民政府签署合作协议，华东师范大学澄迈实验中学（以下简称华迈中学）正式成立，这标志着一个充满希望的教育新征程的开启。

02 惊叹：华迈中学的奇迹蜕变

华迈中学建校仅五年，但其发展速度和取得的成就令人瞩目。2019年春，我前来查看建校筹备情况，彼时的华迈中学还只是一所硬件设施尚不完善的乡镇中学。校园里牛羊觅食、野鸟盘旋、白莲鹅踱步，地僻人疏的景象历历在目。然而，短短五年间，它竟如一颗璀璨之星，迅速崛起成为"海南省基础教育的一匹黑马"。

中高考成绩屡创新高，这是教学质量提升的有力证明；五育融合教育全面开花，体现了学校对学生全面发展的重视；学生科学素养不断提升，展现出学校教育的深度与广度。在为这一"华迈奇迹"惊叹之余，我陷入了深深的思考：是什么力量促使这所乡镇中学在如此短的时间内，在海南乃至全国教育领域崭露头角？

03 解惑："心新教育"与"华迈精神"

在华迈中学建校五周年之际，张喜忠校长送来《心新教育：教泽常新》一书，让我从中找到了答案。

（一）"心新教育"——办学的灯塔

喜忠校长提出的"心新教育"理念为学校办学指明了清晰的方向。这一理念是喜忠校长在华东师范大学"求实创造"的精神感召下，结合多年教育实践与思考的智慧结晶。在应试教育大环境下，这一理念明确了素质教育的人才培养目标：培养具有高尚情操、扎实学养和身心健美的"求知者"，有自我觉知、能自主发展、迈向卓越的"创造者"，有个人责任、家国情怀和国际视野的"担当者"。这一目标高瞻远瞩，兼具现实意义与对未来的追求，为教育教学实践奠定了坚实的理论基础。

为实现这一目标，华迈中学采取一系列"华迈行动"，助力"心新教育"落地生根。在喜忠校长的带领下，学校立足海南特色，创新性地构建了"心启航""新科创"校本课程体系，让五育融合真正落地生根；积极推进"三线合一教学任务单"课堂教学改革，确保国家课程得以扎实、高效落实。"心新教育"理念融合了中华传统文化中阳明心学和东坡新说的智慧，同时也汲取西方先进的教育哲思，展现出"为时代立心，为中国立命，为往圣继绝学，为海南开华章"的崇高追求，彰显出独特的教育魅力。

（二）"华迈精神"——发展的动力源泉

书中所概括的"华迈精神"同样让我深受触动。一所学校的发展，"硬实力"是基础，"软实力"是灵魂。华迈中学展现出了令人钦佩的精神风貌：展现速度与激情的建校精神，让学校在艰难的起步阶段迅速崛起；首创与融合的融创精神不断提升"华迈品质"；持恒勇毅的抗疫精神，在疫情期间保障了师生的安全、学校硬件条件的飞速改善和教育教学的持续开展；自觉与自强的抗灾精神，战胜"摩羯"台风，成为澄迈县第一所恢复教学秩序的学校；信仰与担当的教育家精神，更使广大华迈教师坚守岗位，热爱教育，不断展现育人智慧和教育情怀。这些精神使华迈中学在重重困难面前不屈不挠，勇于挑战，最终铸就了今日的辉煌。

04 使命：教育强国背景下华迈中学的示范意义

教育是强国建设、民族复兴之基。在今年召开的全国教育大会上，习近平总书记对加快建设教育强国作出系统部署，这为教育工作者明确了方向和使命。"为党育人、为国育才"是教育工作者义不容辞的责任，"培养什么人、怎样培养人"是时代赋予教育的重大课题。

华迈中学在短短五年内获得了多项荣誉，包括海南省先进基层党组织、海南省五一劳动奖状、海南省中小学德育工作先进集体、海南省中小学教育信息化应用示范校等。同时，学校成为国家中小学科学教育实验校、共青团小平科技创新实验室建设项目学校、教育部基地重大课题《大中小学思政课一体化建设与新时代德育研究》实验校、北京大学思想政治实践课教育基地。2024年，喜忠校长被评为全国优秀教育工作者，并受到习近平总书记亲切接见。这些成绩和荣誉，充分证实了华迈经验的成功，展现了"心新教育"理念的强大力量。华迈中学为中国教育现代化探索出了一条极具价值的新路径，提供了值得广泛推广的新方案。

华东师范大学自1951年建校以来，作为新中国成立后组建成立的第一所社会主义师范大学，始终心怀教育使命，发挥学科优势，积极推动教育事业发展。华迈中学的成功，是华东师范大学发挥自身优势服务地方基础教育的生动实践。展望未来，华东师范大学将继续强化教育学科优势，深化与基础教育实践的互动，为中国教育现代化事业添砖加瓦。

适逢华迈中学建校五周年，我衷心期盼所有华迈人，在"心新教育"思想的指引下，在张喜忠校长的带领下，总结过去的经验，展望未来的发展，在中国教育现代化的道路上砥砺前行，创造更多的辉煌。

最后，对华迈中学建校五周年表示热烈的祝贺；向所有在华迈中学辛勤付出、无私奉献的教育工作者致以最诚挚的祝福。希望华迈中学在未来的教育征程中，继续书写属于自己的壮丽篇章，为中国教育事业做出更大的贡献。是为序。

戴立益

全国政协委员、华东师范大学副校长兼教育集团主任、研究生院院长

二〇二四年十一月

推荐序二

文达天下，忠耀华迈

进入新时代以来，我国基础教育改革如火如荼地推进，将校长的特色化办学治校置于风口浪尖之上，给予了不同领域和不同角度的思考，校长的办学治校能力与基础教育的改革发展同步受到了政府、学校和学术界不同层面的关注，成为教育研究领域的热点话题之一。

从研究的基础看，新时代以来校长的特色化办学治校发展研究中形成了两种思潮。一是校长专业发展主义思潮，二是学校特色化发展主义思潮。校长专业发展主义思潮主张把校长视为一种专业，学校特色化发展主义思潮主张让学生成为学校生活的主人。在张喜忠校长看来，教育是一种精神、一种信仰、一种追求真善美的力量。无论是校长专业化发展思潮，还是学校特色化办学发展思潮，学者们讨论不外乎两个主题，一是本体论研究，二是方法论研究，大道是相通的，万物并育而不相害，道并行而不相悖，学校是缩小的特色校长，校长是放大的特色教育。

"先生"冠之以"大"，突出了为人师者所需要的境界和风范。张喜忠校长的《心新教育：教泽常新》一书共分三大篇章，描绘了一个清晰的体系化、学理化图谱，即：哲思基础——践行体系——未来省思的研究理路。"志足而言文，情信而辞巧"，这是一本引人入胜且信息量丰富的著作，故事精妙绝伦、论点新颖独到、涉及广泛，书中一个个教育叙事，反射着海南、华迈教育人志存高远、洁而不流的大智大慧，天天上课不至于变成一种单调乏味的工作，并使工作能够给自己带来乐趣提出了挑战。这本书赋予了教育需要爱的热情来始终保

V

持对一切熟悉或不熟悉的平凡教书育人工作的追问，用理性和思考去寻找点点滴滴教育生活的不寻常。捧读这本书，就如同徜徉在教育百花园之中，看到的是自由之花绚丽绽放，生命因教育而生长，生命因敬畏而精彩；听到的是幸福鸟儿之歌唱，流畅的心语，真情的倾诉；感到的是痛快淋漓的舒畅，朴实无华，醍醐灌顶。

爱是一切的开始，孩子先于满意，爱先于所有。谁也道不清，张喜忠校长所钟爱一生的华迈流淌着多少故事，但我可以肯定地说，这条生命的河流称得上"最华迈、最海南、最中国"的教育文脉之一。随着岸线贯通、延伸、开航，张喜忠校长所引领的海南、中国的特色化办学的河流也会翻开新的篇章。

于维涛

教育部中小学校长和幼儿园园长国家级培训项目管理办公室主任

教授、博士生导师

二〇二四年十一月

推荐序三

心新教育，其道大光

01

"大风起兮云飞扬"。

海南，当今中国教育的风口所在。教育部明确把海南作为国家教育改革开放的四大战略支点之一，在此开辟教育开放试验田，肩负为新时代中国教育探路的使命。在政策东风招引和海南诚心迎纳下，外来优质教育资源频频涌入，国内外上百所中小名校纷至沓来设立分校。洪波涌起，巨浪穿空，海南基础教育大爆发，海南学子实现从"有学上"到"上好学"的历史性跨越，海南由教育盆地向教育高原加速嬗变。

然名校入海南，若只是简单复制原有经验，一味照方抓药，并不能保证名校的分校也成为海南的名校。没有重新创业的精气神，没有一股敢试敢闯的势头，不因应海南学子的个性特点，不兼容当地的文化元素，不在文化传承的基础上创新突破，原有名校的光环也会黯淡。

百舸争流，功力渐显；凭栏观潮，华迈亮眼。近几年来，我将目光聚焦于华东师范大学与海南澄迈县合作创办的华迈中学，将其视为海南中小学发展的风向标，当做观察、研判当下中国基础教育的窗口。

正是秉持"创"的精神、"闯"的劲头，华迈中学把一道道难题变为奇迹，让一个个不可能变成一定行。其中一例是惊人的"华迈速度"：26天完成1200平米的"心""新"空间建设，26天完成第一次开学典礼上的师生誓词、激情跑操、校园集体舞、集体书法、集体诵读等演出项目，5天建出两个高标准"乐空间"，4天做成"妙笔生花"雕塑……

正因华迈的事业吸引人、华迈的魅力感召人，该校从立校之初仅有57名教师与462名学生的小班底，到如今拥有206名优秀教师及2369名莘莘学子的大家庭，从乡镇中学跻身海南省一级甲等学校。2024年教师节，校长张喜忠荣获"全国优秀教育工作者"，受到习近平总书记接见。

短短五载，有太深的回忆长留心间，有太多的巨变令人感叹，华迈中学已然呈现出"晓看红湿处，花重锦官城"的壮美气象。

它立足于村、背靠于镇、辐射于县、示范于省，扬名于国内，堪为当代中国中学发展的最完整"光谱"。

它通古于阳明之澄、东坡之迈，根植于华东师大血脉，具有上海底蕴、海南底气，更将古今学统贯穿于心新教育之大成，体味知行合一、蒸蒸日上，示范出中国式现代化教育前景。

2023年11月24日，我在该校演讲中开头说，"华迈中学是用中国气魄、中国风格、中国文化、中国速度打造起来的一所最中国学校。她高起点站位，'心新'文化铸魂，速积而爆发，演化成一座极'富矿'学校。这里，践行着活生生的前沿教育学，运营着极适用的当代管理学，探索着科学的教学论和学法论，因此，她成了迅疾崛起并攀岩般升腾的一所典范学校。"

02

千水奔腾源一处，万木争荣本一根。

华迈中学倏忽间崛起，肇始于学校灵魂人物校长的领航，和校长一以贯之地实施核心文化理念——心新教育。诚如钱穆说："一切问题，由文化问题产生。一切问题，由文化问题解决。"

张喜忠校长2015年酝酿与提出的心新教育，历经"十年磨一剑"的系统化、理论化的"知行合一"打磨，成了学校精进不怠活力迸发的文化导向、品格底蕴和魂魄根脉，蕴含着对办学目标的精到诠释，对育人内涵的本质解读，对生命主流价值观的有力引领。

改革开放以来，教坛号角四起，春波激滟，注家蜂起，旗帜纷飞，其大势无疑标志着中国教育改革进入波澜壮阔的提速期，却也掺杂一些鱼目混珠的"理论"，昙花一现，悄然落幕。

我边思考上述纷繁现象，边研读《心新教育：教泽常新》一书彰显的教理主张，思及引领华迈中学的精神，一次次地凝思叩问：卓尔不群的为什么是心新教育？它何以拥有如此强劲的生命力，它的精髓、精妙、精深之处在哪里呢？它何以光彩照人地立于杏坛，润泽师生心田，春风化雨般的催生圣园的桃李芬芳？

因为心新教育根植于信仰，对教育的信仰。这种心心念念的信仰，正如喜忠校长所言，就是对教育的无限热爱，对学生成长的深切关怀以及对教育创新的不断追求。以信仰为锚，定力如磐；以信仰为舵，航向不偏；以信仰为帆，乘风破浪。

因为心新教育扎根于学养。心新教育以"阳明心学、东坡新说"为根脉，"阳明澄、东坡迈"的意涵接澄迈地气，通传统文化脉络，更以致良知、破天荒的精神意象，构成融古今、汇中外学识的能量场。于是，心新教育汇百家众流而愈澄，华迈学子因学养丰厚而超迈。

浇花浇根，育人育心。育心向新，弃旧图新。这一切尽在心新教育的深邃内涵里。

我体悟到，心新教育依托经典哲学关于人生三问（我是谁，我从哪里来，我要到哪里去）与中国教育传统中的精华，紧紧抓住了提高生命质量和生命价值的两大核心环节：一是精准定位，抓住心这个根、这个源，这个脉，就有了达到的前提——一顺百顺，一通百通，一洁全洁，一亮皆亮；二是确凿定向，抓住心的走向与圣化的情态——向新、求新、维新、拓新、创新、变新，一步步抵达生命的峰顶。

一种教育思想若立得住，须有自己的主体性。在华迈，从校领导到中层，再到每个师生，人人皆是主体。校长是教职员工和一茬茬学子的领跑者；中层是学校政策的执行者与创新的推动者；教师是博雅者、慎独者、仁爱者，筑梦人；学生是"从心启程，全新绽放"的未来建设者。如此，引领力、凝聚力、塑造力、行动力在校园中便"四位一体"，戮力同心。

一种教育思想欲走得远，须有自己的坐标系。在华迈，实行以学生为中心的"三转"理念——全校围绕教学转、校长围绕课堂转、教师围绕学生转，从顶层设计到细节实施，环环相扣、无缝对接。上下一条心、全校一盘棋，日常的学校运营静水流深，不舍昼夜；及至节点处、尽情绽放时，又澎湃激荡，卷起千堆雪。

好的理念理论不是花瓶，不是宠物，不是面纱，而是精神航标、智慧锦囊，是催进奋勇的鼓角。心新教育正是这样好用受用、常用常新的理论，广受师生的赞成喜爱，故能在诸多教育中特立独行，在立德树人的践行中屡试不爽。我在《心新教育赋》中写道：心新教育其道大光：深中肯綮，不虚不狂，深浅皆宜，雅俗共赏；其旨弘深，其题朗亮，其意广博，其果飘香。

03

我几度访问华迈中学，几番与喜忠校长深谈，此次通读全书时感到：心新教育具有鲜明的"五性"。

一为民族性。中华民族自古以来，极为重视以心统道、修齐治平，逮至教育兴盛，更重视体悟圣人之心、天下之心，重视心的引擎功能、导向作用、潜在价值。心之官则思。修身先修心，正人先正心。古人如此将心当成做人之根、行动之源。今人同样极为重视心，重视心的解放，思想先行，虚功实做，不忘初心，下定决心，耿耿忠心，拳拳爱心。喜忠校长在思谋、建构心新教育理论时，尽览古今教育，穿越中外时空，终于选定了浸渍中国特色的"心新教育"理论，将众人广泛意会的心思，化作了知行合一的旗帜。

二为时代性。心新教育的时代感极强。它开宗明义以"五心六境界"为目标："五心"即信仰心、同理心、担当心、探索心、中国心；"六境界"即新知识、新技能、新思维、新态度、新行为、新高度。"五心六境界"紧扣应对百年大变局之节拍，为二十一世纪人才培养打上新时代烙印：中国灵魂、世界视野、当代智慧、领跑能力；一颗自立于民族之林的竞进之心，美美与共的共享之心，不忘当初的使命之心，命运与共的双赢之心。

三为独创性。办学核心理念的魂是自主创新。人云亦云不云，老生常谈免谈。再完美的抄袭也是偷巧，再精致的复制终为仿造。照葫芦画瓢，是对探路者原创性的亵渎，对自己创造力的戕害。像北京大学的"兼容并包"、西南联大的"刚毅坚卓"的校训一样，华迈中学的"心新教育"，也是长期在实践中探索、凝思、熔炼、提纯而形成的真经，堪称"删繁就简三秋树，领异标新二月花"的瑰宝。

2010年，任本溪市实验中学校长的张喜忠提出"幸福教育"理念，为发展踟蹰的学校开拓一条明路，后调任本溪市第二高级中学和本溪市高级中学校长时，又分别提出"美的教育"和"心新教育"理念，继而心新教育又随他走出辽宁，扎根海南。一路走来，他旨在寻求最妥帖最适宜驱散教育迷雾的那缕阳光，开启师生心锁的那把钥匙，打通立德树人的任督二脉。教坛一线深土层是心新教育孕育、发展的热土，不倦革旧鼎新的喜忠校长和华迈人则是首席助产士和辛勤园丁。

四为体系性。体系性标志着成熟度。心新教育在其发展完善中，逐渐创建了较为扎实厚重的理论体系。包括核心理念界定、历史传承根脉、发轫四个维度、总体体系阐述、顶层文化设计、课程实施要领、生命开发指南等。理论厚度昭示践行高度,理论深度照耀成效亮度。随着心新教育理论探索的一层层深化,践行成果一步步丰盈,我甚至预感,在心新教育的辐射带动下,会有不少学校加盟其教育实验,心新教育可能会成为一个教育学派。

五为实践性。与实践不着边的理论如无根草,只有与实践结合才能撞击出灿烂的火花,开发出丰富的"矿藏",完成从发展、成熟,到恒久的路程。为此,喜忠校长和他的助手们,着力进行理论落地设计,如"心新场域"文化、"三线合一"教学模式、"科技海洋"课程、"五节五育"活动、"AI智慧+"赋能……所取得的累累硕果,都是心新教育在实践中闪光。理论体系的完善,践行举措的妥帖,效果验证的喜人,都依赖在实践的田园里落地生根,以及行动者心血和汗水的浇灌。

04

读完全书纵向支撑、横向连接的八章文稿,掩卷而思,这部书虽不恢宏却很厚重、虽不炫目却极抓心、虽不时髦却很先锐,引起了我浓烈的阅读兴致和深度的精神欢愉。

心新教育"龙"从何来,"脉"向何去?该书对其理论根基、现实挑战、时代课题、海南背景均有极为精当的论述与研判,让人一清如水。

心新教育面貌怎样,内涵几何?该书从学理、哲思的深度,从文化、教育、管理等视角,做了精到的阐述和说明,使人一目了然。

心新教育如何赋能,何以助力?该书自助力学生、赋能教师、深化课程到共建家校、营造场域,全方位、广角度地予以鸟瞰,叫人一览无余。

心新教育真谛在哪儿,玄机何在?作者将全时空的学习场和生命场展示在字里行间,笔力纵横,精粹通透,令人一叶知秋。

心新教育走势怎样，前景焉在？作者将华迈教育的勃勃向上现状和深入改革趋向，置于百年大变革的时代背景之上，催人一心向往。

上述种种，做得有理有据，有血有肉，言之凿凿，情之切切。

毫无疑问，说这部书是活生生的新教育学、新管理学、新人才学、新教学论、新学法论、新成长论，并不为过。

因此，无论对校长、教师、教育者、家长，这都是一本立德树人的好书，一本启灵开智的佳作，一本常读常新的案头读物。

05

悠悠万事，事在人为。芸芸众生，生在为人。

当时来运转，十万精英下琼州；世盛教兴，百所名校落海南之时，祖国第二大岛一场天地人大洗牌令人神怡气爽：经济涛起潮涨，教育水涨船高。

时代大潮掏尽狂沙，将弄潮儿涌向涛头。华东师大慧眼识人，选张喜忠领衔主演华迈大戏。

干将发硎，有作其芒。从辽东群山间的本溪，到南海之滨的澄迈，喜忠校长从北向南的跨越，源于时代的呼唤、使命的驱使、创业的渴望、梦想的圆成。

从思想酝酿和始发之地高山的峻拔、河流的湍急，到理念新落脚地的四季恒春、海天壮阔，心新教育在时间线的延伸、在运作面的扩展中，经受了心的淬炼、新的摸索，彰显出更广泛的适应性、更旺盛的活力、更强大的辐射效应。

在较长地观察、认知中,我看到喜忠校长具有中国卓越校长的"三有"

特点：有梦，即高远目标，其引擎是坚定的教育信仰；有魂，即深邃思想，其功力源自永不止息的教育追求；有法，即精思妙悟，其灵感在于天长日久的教育修能。

他的笃诚、睿智、躬行的人格魅力也给我留下深深印象。

今年 1 月 18 日，我对华迈中学全体教师做题为《做一名坚卓的学习者、思想者、研创者》的演讲，特别对喜忠校长的发展轨迹进行了解析：喜忠之所以由山之北到海之南第二次成功创业，就因是一位孜孜吸纳的学习者，深深追溯的思想者，事事求精的研创者。

我豁然有感，继而说：学习是吸纳，吸纳的真谛是求"真"，这是师者成长的源泉之路；思想是叩问，叩问的核心是求"深"，这是师者发展的智慧之路；研创是拓展，拓展的坐标是求"新"，这是师者深化的精进之路。

从一个人的思考到全校人的行动，从在一地初试锋芒，到在一省精彩绽放，再到吸引全国同仁的目光，心新教育找到了破题的思路，凝聚起奋进的共识，充满了真知的力量、信仰的力量、意志的力量、人格的力量，竖起新时代中国基础教育的新标杆。

喜忠校长与心新教育的践行者，澄心而明，宁静致远；精韧不怠，乾坤日新，在这条他们躬身实践的道路上，我看到了"红日初升，其道大光"的喷薄之相。

傅东缨

教育专家、作家

二〇二四年十一月十一日

绽放的信仰

日月逝矣，岁不我与。转眼间，我已阔别故土，南渡澄迈，历经五个春秋的更迭。在这段悠长的时光旅程中，华东师范大学澄迈实验中学（以下简称"华迈中学"或"华迈"）亦悄然步入青春的第五个年头。回望来时的路，思绪万千，感慨不已。

眺望前方，是更加壮阔的教育蓝图；回首过往，是汗水与智慧凝结的璀璨成果。站在过去与未来的交汇点上，此刻正是承前启后、继往开来的关键时刻。在这个意义非凡的时间里，我们需深怀敬畏之心，追溯往昔，汲取智慧，以史为鉴，面向未来。历经将近一年的精心筹备，一本满载华迈记忆、凝聚师生心血的《心新教育：教泽常新》正式问世。此书，是献给华迈中学五周年的一份珍贵记录，是对心新教育的一次深情回望与深刻总结，它不仅见证了每一位华迈师生的成长足迹，为我们迈向下一个辉煌的五年奠定了坚实的精神基石与智慧支撑，更是心新教育在海南大地的生动体现与创新突破。

2019年创校伊始，我携手全校师生，承载着澄迈人民的深切期望，怀揣着对教育事业的憧憬与热爱，立下宏愿：华迈以三年为期，达到澄迈县教育一流水平；以五年为约，成为闻名海南省的一级甲等学校；七年至十年之内，成为中国知名、海南闻名的创新型、现代化、实验性、示范性、高品质中学。

如今，华迈中学虽建校仅有五年，但已经被外界称为"海南省基础教育的一匹黑马""海南省合作办学学校的优秀代表"和"海南省区域教育的标杆"。华迈在育人方式上大胆创新，在教育理念升级、教育模式革新、教学思路重塑、培育路径优化、教育手段现代化等诸多方面做了有益的尝试，并取得了阶段性的成果。学校成为国家中小学科学教育实验校、共青团小平科技创新实验室建设项目学校、教育部基地重大课题《大中小学思政课一体化建设与新时代德育研究》实验校、北京大学思想政治实践课教育基地、全国青少年校园足球特色学校，先后荣获海南省先进基层党组织、海南省五一劳动奖状、海南省中小学德育工作先进集体、海南省中小学教育信息化应用示范校等殊荣，五次获得澄迈县十佳学校称号。

自2022年历经三次中、高考以来，三年中考三次综合指标均位列全省第一名；三年高考三次总平均分位列全省前十名，最好名次全省第四名。今年有一名同学考入北京大学，改变了澄迈县近十年没有学生考入北清的历史，我本人也获得了全国优秀教育工作者称号并得到了习近平总书记的亲切接见。

岁月如梭，誓言犹在耳畔回响。从立校元年仅有57名教师与462名学生的小班底，到如今拥有206名优秀教师及2369名莘莘学子的大家庭，从乡镇中学到海南省一级甲等学校，这不仅是华迈的五年华丽答卷，更是心新教育在华迈的落地生根与开花结果，是我们对海南教育的一次探索与突破。

01 我对教育的信仰

雅斯贝尔斯在《什么是教育》里说，教育须有信仰，没有信仰的教育不过是纯粹的教学技术。巴金说，支配人们行动的是信仰，它能够忍受一切艰难、痛苦，而达到他所选定的目标。习近平总书记告诫我们：人民有信仰，国家有力量，民族有希望。信仰是对某一理念、价值观或人生目标的深度信赖和坚定追求。习近平总书记说："对马克思主义的信仰、对中国特色社会主义的信念、实现中华民族伟大复兴中国梦的信心，都是指引和支撑中国人民站起来、富起来、强起来的强大精神力量。"一个人有了坚定正确的信仰，就能不懈努力、执着追求；

前言 绽放的信仰

一个国家和民族有了坚定正确的信仰，就能披荆斩棘、攻坚克难。

心新教育就是我和华迈人的信仰。这是我们执着的追求、坚定的勇气和无穷的力量。我们崇尚"心新报国，华迈为民"的理想，我们相信"以心润心，以新育新"的力量，对教育的无限热爱，对学生成长的深切关怀以及对教育创新的不断追求，这就是我们心新教育的信仰。

30年前，我从辽宁师范大学毕业投身教育事业时，曾经构想过中国所需要的教育模式。彼时中国的基础教育体系已经初步建立，然而，这一体系在覆盖面、教育质量和教育资源的均衡性等方面仍存在诸多不足。并且，当时的教育质量和水平仍有很大的提升空间，对综合素质和创新能力的培养更是相对缺失。但我有预感，我国今后的教育一定会往全面、均衡、优质的方向发展。

1994年8月，《中共中央关于进一步加强和改进学校德育工作的若干意见》颁布，国家第一次在正式文件中使用"素质教育"这个概念，标志着素质教育开始成为我国教育政策的一个重要的明确的指导思想。此时我刚成为本溪市的一位普通语文教师，初出茅庐，对"教育"这个大概念的看法还不深刻，我就从基础教学工作做起，遵照国家对"素质教育"的提法和要求，尽力把我的语文课堂开展得生动一些。

经过十年教师教学经验的积累与反思，我的教学工作有了起色，在经过本溪市教育局基础教育处副处长、处长工作的历练之后，我的眼界得到了极大的开阔，也让我初步认识到了教育理念对一所中学的重要性。2010年，我在本溪市实验中学提出"幸福教育"理念，这是我作为学校领导者，对如何办好实验中学的探索，也是我从教师视角到校长站位的重要跨越。

幸福教育的初步成功，为我后面的校长生活打下了良好的基础。我在本溪市第二高级中学和本溪市高级中学担任校长时，又分别根据学校的历史与发展现实，提出了"美的教育"和心新教育理念，心新教育理念又随我走出辽宁，扎根海南。

现在想来，"幸福教育""美的教育"与"心新教育"，虽然表述不同，但对于教育本质的理解是一致而又发展的。一致性首先体现在，无论在什么学校当校长，校长首先要有育人与办学的价值立场，这是一个校长与一所学校的方向与定力所在；其次，一致性又体现为办学的立场是来自于教育工作者的内心向往，对幸福与美的追求，都是人类对培养什么人的崇高追求；第三，在很大程度上说，心新教育的提出，也正是内心对幸福与美的追求与理解的不断发展的基础上提出的。随着人生阅历的丰富与对教育理解的深入，我内心中总有一种涌动，一种对"苟日新，日日新，又日新"的渴望，这或许就是我最初提出心新教育的原动力。

本书想与大家分享的，就是在东北大地长出的心新教育，如何在祖国的南海生根开花结果的实践历程。

02　"三访澄迈"铸决心

华迈中学有三个红色标志性的雕塑——"华"字雕塑、"飞天秀"雕塑、"妙笔生花"雕塑。斗拱结构的"华"字是栋梁，是家园，表达了我们对美好华迈、美好华东师大、美好中华的祝愿，古代"华"同"花"，寓意花儿正绽放；飞天飘逸的"秀"字是展示是分享，其本义也是植物抽穗开花，亦寓意花儿正绽放；"妙笔生花"如一支直指云端的毛笔，笔尖化作绽放的莲花，告诉我们：要写好人生的每一笔，走好人生的每一步。妙笔生花，让每个生命精彩绽放，这是华迈人独特的梦想，绽放的信仰。

今天的华迈，星光璀璨，但大家很难相信，最初它还是一所差点无法办学的"乡镇中学"，其中的波折、辛酸、激动与幸福交杂着、延绵着。

2019年，教育部中学校长培训中心副主任刘莉莉教授从上海给我打来电话,她开门见山,征求我意见是否愿意"前往海南澄迈担任一所华东师范大学附属学校的校长"。

自辽宁本溪到海南澄迈,需要横跨祖国广袤大地的3358公里,这不仅是地理空间的极大跨越,更需要历经四个截然不同的温度带,可以说要穿越四季。若要全然不顾个人考量,仅凭一腔热血与大义慨然允诺,恐难掩理想化色彩。因此,在深思熟虑后,我决定先行一步,亲赴澄迈实地考察,亲身体验那里的生活实际。

2019年五一假期的第一天,我乘上了飞往琼州大地的航班。迎接我到来的居然有澄迈县县长司迺超。他舍弃了自己的假期休息时间迎接我,并给予了我诚挚的邀请和深切的期待。

在与县政府关于澄迈县情的详细交流中,我主要了解了关于澄迈县教育现状的介绍,也看到了澄迈在教育领域所存在的挑战。在诸多真实而细致的信息中,最触动我心灵的莫过于当地广为流传的一个说法:澄迈村长级以上干部的孩子都流失到了外地读书。教育发达地区对于教育欠发达地区的学生,有着强力吸引作用,使教育欠发达地区学生进一步流失,此外,"教育虹吸"也造成了优秀教师、教育资源的流动,加剧了教育区域发展的不均衡。

回到本溪后,我陷入了深思。50周岁的我要放弃本溪市教育局副局长兼本溪高中校长的职位,要放弃本溪高中当年43个学生考上清华北大的光环,放弃在辽宁已拥有的一切荣誉,只身一人去海南再创业,对我来说确实很艰难。澄迈的整体发展状况比我预想的还要差很多,与其称之为"县",更不如说是"镇"。从自身利益来说,去澄迈并不是一个好的选择。可低差的物质基础背后,是一群渴望知识、期待改变命运的孩子们,没有优越的家庭背景,没有丰富的社会资源,但他们不应该被教育抛弃。

为了能让我顺利接手澄迈附属校,华东师范大学教育集团副主任冯

前言 绽放的信仰

剑峰和我长谈了四个半小时，华东师范大学副校长戴立益亲自接待我与我交流，澄迈县派姜童副校长三次去本溪拜访我……良心与良知，让我觉得自己身上该有、也必须有所担当。华东师范大学和澄迈县人民政府合作举办的华迈中学，无疑是为当地学子开辟了教育的新可能，这些满怀憧憬的孩子们，正等待着新的引路人，引领他们走向更为广阔的未来。我渴望本溪高中在辽宁教育界创造的辉煌能够在澄迈在海南得以实现，我更渴望的是我在本溪高中践行的心新教育理念也可以在遥远的海南得以丰富发展，因为心新教育是我的教育梦想，我的教育信仰。

作为一所新办学校，招生宣讲会的重要性不言而喻：这将是一个展示学校实力、特色和优势的重要平台，更是吸引优秀学子、提升学校知名度的关键环节。当本溪高中的高考工作结束以后，我受到澄迈和华东师范大学相关领导的盛情邀请，他们希望我出席此次宣讲会。6月14日我第二次来到了澄迈。社会舆论的渲染使得"新学校校长亲临宣讲"的消息不胫而走。对于澄迈百姓来说，华东师范大学来到县里办学是一件令人欢欣鼓舞的大事，未曾谋面的新校长也即将首次亮相，我似乎可以感受到大家纷纷怀揣一睹新校长风采的期待之情……我彻夜未眠，精心整理宣讲材料，希望能够不辜负大家的信任与期待。

原计划的宣讲会定于一家酒店内举行，可容纳三四百人，对于一场主要面向学生家长的宣讲活动而言，显得绰绰有余。然而，当会议还未拉开帷幕，会场内的座位已然一席难求，甚至连通道都挤满了热切期盼的听众。面对酒店外仍不断涌来的人群，主办方和酒店紧急沟通协商，最终在酒店的草坪上迅速搭建起一个临时会场，通过一块电子屏幕来同步转播，满足现场两三千人的需求。考虑到还有许多无法亲自到场的群众，又开通了线上全网直播。这一举措吸引了几万群众的关注，使得更多的澄迈人参与到这场教育盛事中来。

宣讲主题定为"华耀未来，迈向卓越"。"华"既代表着华东师大这所拥有深厚文化底蕴和卓越教育水平的学府，也象征着中华民族的灿烂文明和辉煌成就；"迈"则寓意着澄迈县的教育，正以坚实的步伐，向着更加美好的未来迈进。在宣讲会上，我详细介绍了我的教育信仰，同时与大家分享了我的一些成功的教育案例。我希望这些内容能够激发家长们对教育的信心和热情，让他们更加关注和支持学校的发展。在宣讲会上我做出承诺：一定把华迈建成一所适合学生全面而有个性发展，具有生态、智慧、科技特色，省内一流、国内知名的实验性、示范性、高品质学校。

华迈的简称，由此应运而生，成为当今澄迈县家喻户晓的名字，乃至在海南享有盛誉。"华耀未来，迈向卓越"这八个大字作为校训，也深深烙印在了每一个华迈人的心中，激励着华迈人不断前行、追求卓越。

宣讲会圆满落幕，我正式接过"华迈中学校长"这一重担。我与我的团队怀揣着热忱与期望，刻不容缓地聚集在一起，开始精心策划招生计划和宣传方案。力求吸引更多出类拔萃的学子踏入华迈中学的殿堂，共同书写辉煌的未来。可是给我当头一棒的是，并没有中考成绩好的学生愿意选择华迈，大多数依然选择了海口甚至琼海等外地私立学校读书，留在澄迈县读书的前50名学生我校只有6人，我校最高分在全县留下来读书的学生中排第19名。原本计划招生160人，因为报名生源质量过差，我们仅招收了108名学子，最低分数线457分。这108名学生虽然成绩并不出众，但是他们是华迈中学的第一批珍贵财富，他们是华迈的活力和未来。

第三次踏入澄迈，正是学期伊始的序曲奏响时。在8月18日这一天，学校迎来第一届新生入学军训，我站在校门口，与第一位踏足华迈中学的同学留下了珍贵的合影。快门按下的瞬间，我明白，新的挑战与考验已开始，但我心中并没有焦虑，反而是一片坦然。孩子们怀揣着梦想与希望，踏上新的人生征程，而我正坚定着信仰与追求。站在这个传承与启航的交汇点上，我坚定地写下：新学期、新学校、新环境、新挑战，走北闯南只为追逐心中的教育信仰。

"三访澄迈"，坚定了我来海南为澄迈基础教育开辟一条新路的决心。教育是关乎人心灵的事业，是点燃火炬，代代相传，生生不息的事业。作为校长的我，理当以自己心中对教育的激情之火唤醒与点燃全体师生心中对善良与美好追求的烈烈火焰，这就是我来海南做教育的初衷。

03 书写华迈答卷

五载春秋，华迈谦谦如玉，风霜无惧；五载耕耘，华迈铮铮若铁，信仰澎湃。从无到有，从小到大，华迈之所以持续创造着教育神话、书写着教育传奇

——离不开新时代党和国家教育方针的引领。教育是国之大计、党之大计，在中国特色社会主义进入新时代的大背景下，教育被赋予了前所未有的战略高度，即"教育的重要使命是服务于中华民族伟大复兴"，强调立德树人的高质量发展，为华迈指明了前进的方向。学校积极响应国家号召，将培养德智体美劳全面发展的社会主义建设者和接班人作为根本任务，不断优化课程体系，强化师资队伍建设，确保教育教学活动始终与国家教育方针政策同频共振。

——离不开华东师范大学、海南省教育厅和澄迈县委县政府的支持。华迈能够迅速崛起，离不开海南省政府"一市（县）两校一园"的支持，离不开华东师范大学丰厚的教育资源，离不开澄迈县委县政府的高度重视与大力扶持。华东师范大学作为国内顶尖师范学府，为华迈中学提供了先进的教育理念、教学方法及管理经验，有效提升了学校的办学水平和教育质量。同时，澄迈县委县政府在政策制定、资金投入、资源配置等方面给予了全方位的支持，为学校的快速发展奠定了坚实基础。这种校地合作、优势互补的模式，不仅加速了华迈中学的成长步伐，也为区域教育均衡发展贡献了重要力量。

前言　绽放的信仰

2019年6月15日，华迈首届招生宣讲会

　　——离不开心新教育的文化理念的支撑。文化理念是一所学校的文化导向、品格神韵的写照，蕴含着对办学目标的精到诠释，以及对育人内涵的本质解读，成为拉动学校发展壮大的主流价值观。作为华迈中学独特的文化理念，心新教育是驱动学校持续发展的内在动力。在心新教育的支撑下，华迈广纳精英教师，培育"筑梦人"团队；落实"深度自主"，实施"学生中心"的课堂教学；强化"立德铸魂"，丰富"五育并举"活动；构建"心启航、新科创"课程体系，彰显"海洋+科技"特色；实施以情治校，锻造"精准、细严"管理品质；关注辐射影响，履行"示范引领"的名校担当。铸就了卓越的教育品质，更创造了一个又一个令人瞩目的教育奇迹。

　　投笔书怀，枕戈待旦。华迈将继续秉承心新教育的核心理念，以更加坚定的步伐，踏上新的征程：持续深化教育改革，创新人才培养模式，努力构建更加开放、包容、协同的教育生态，为师生提供更加广阔的发展空间和更加优质的教育资源。我相信，在全体师生的共同努力下，华迈中学定能在新的历史时期，绽放出更加璀璨的光芒。

张喜忠

二〇二四年十月

目录 CONTENTS

推荐序一　为推进中国教育现代化不懈奋斗　　I

推荐序二　文达天下，忠耀华迈　　V

推荐序三　心新教育，其道大光　　VII

前言　绽放的信仰　　XV

第一篇　思想基础：从心启程，向新而生　　001

第一章　源起：新时代的教育"心"命题　　003

第一节　人机共生的智能时代：立心　　005

第二节　中华民族的伟大复兴：立命　　009

第三节　教育理念的继往开来：继绝学　　014

第四节　海南高质量发展的现实需求：开华章　　018

第二章　内涵：心与新的哲思　　025

第一节　思想内涵：认识心新，再识教育　　027

第二节	立意思索：个体生命的整体激活	031
第三节	价值表达：我的教育宣言	035
第四节	目标追求：五心以铸魂，六境以致远	039

第三章 表现：心新教育的华迈表达方式　　043

第一节	心新教育的华迈理念体系	045
第二节	心新教育的华迈精神基因	051
第三节	心新教育的华迈物质文化	057
第四节	心新教育的华迈十大行动	063

第二篇　华迈实践：学以澄心，教泽常新　　067

第四章 学生成长：解答育人目标的教育根本　　069

第一节	为学生成长"精准画像"	071
第二节	五育融合下的华迈探索	080
第三节	家校共育的心新尝试	102
第四节	全方位创新的学生评价	107

第五章　课程体系：尊重个性，关注全体　　115

第一节　守住立校之本，践行国家课程　　117

第二节　巩固立人之基，创新校本课程　　123

第三节　"让学引思"新教学　　132

第四节　"三线合一"新模式　　140

第五节　"以数赋智"新课堂　　145

第六章　教师发展：以心润心，以新育新　　149

第一节　"筑梦人"成长新模型　　151

第二节　"三转"落实新要求　　160

第三节　成长路径新塑造　　165

第四节　以人为本的"耕心工程"　　170

第五节　把中层推向管理中心　　176

第七章　校园场域：对话超级能量场　　181

第一节　心新启迪：激活创造性场域　　183

第二节　智慧匠造：心灵栖息的空间　　195

第三节　生态校园：绿以泽人，劳以塑心　　207

| 第四节 | 情景互动：对话学习场与生命场 | 216 |

第三篇 未来省思：向心向新，创生未来　　223

第八章　心新生花，风华正茂　　225

| 第一节 | 为了正在发生的未来 | 227 |
| 第二节 | 中国式现代化的华迈担当 | 235 |

后记　心赴山海，新赋华章　　249

附录　荣誉一览　　253

01

第一篇
思想基础：
从心启程，向新而生

论教育

第一章

源起 新时代的教育「心」命题

在21世纪的浩瀚蓝图中，世界格局以前所未有的速度重构，科技日新月异，信息爆炸式增长，全球化与本土化的交织并行，为经济社会带来了前所未有的机遇与挑战。在此进程中，教育——这一塑造未来、传承文明的关键力量，正站在历史的新起点上，面临着前所未有的挑战。

唯立心，方立命；继绝学，以开华章。

唯有重拾本心，方能奠定智慧之基，培养出适应未来社会需求的创新人才；唯有勇于担当，方能助力国家强盛与民族复兴，让教育成为国家发展的强大引擎。在继承与创新中，我们汲取历史文化的精髓，让教育理念在传承中焕发新生，同时积极回应时代需求，以教育创新引领社会进步，为海南乃至全国的高质量发展贡献力量。

心新教育，不仅是顺应历史潮流的必然选择，更是文化传承与时代进步的和谐共鸣，它激励着我们不断探索、勇于创新，共同书写新时代的辉煌篇章。

第一节
人机共生的智能时代：立心

人类文明的车轮总是伴随着科技的进步而滚滚向前。从蒸汽机的轰鸣到互联网的浪潮，每一次技术的飞跃都深刻地改变了人类社会的面貌与生活方式。而今，我们站在了一个新的时代门槛上。

01 这是一个怎样的时代？

2023年Chat GPT全球爆红，依靠算力支持，通过对大量数据的识别与训练，实现内容的即时产出，开创一个新纪元。它以其惊人的语言理解能力和创造力，展现了机器思考的新高度，让人类首次如此直观地感受到AI的颠覆性能力。这种生成式人工智能拥有类似人类的广泛认知能力，包括理解、推理、学习乃至自我创造。

随着算法的迭代升级与数据的海量积累，人工智能技术的应用边界正逐步拓宽至自动驾驶、智能医疗、个性化教育等多方面。智能系统与人类活动紧密交织，在生产效率、生活便利上展现出前所未有的优势，AI终于从幻想走进现实，成为推动产业升级、提升社会治理效能、改善民众生活质量的重要力量。

和过去工业革命中机器单纯辅助人类的人机关系不同，人工智能技术的渗透式发展，使当代人机关系的依赖性与嵌入性极大增强，"人机共生"成为时代表征，二者相辅协作、相互促进，共同推动社会进步与发展。当然，或许在不久的将来，人工智能真的会像科幻电影中一样，以无机生命的形式出现在人类社会中，届时将会开启一个真正意义上的"人机共生"新纪元。

02 我们正在经历什么？

有一项基本事实我必须承认，如今改变我们生活的步子，都大得惊人。

个体认知层面，底层逻辑的转变。过去人类决策往往依赖于经验主义下的主观直觉，而人工智能借助大数据与算法的二重叠加，决策趋向科学化、精准化。依托数据驱动的新思维，人类在面对复杂问题时，拥有了更加理性与全面的视角。

社会经济层面，生产力重塑。新技术的诞生势必会对传统就业结构造成冲击。一方面，自动化和智能化技术将替代低技能劳动岗位，导致部分人群面临失业风险；另一方面，人工智能的崛起进一步促进产业升级为社会创造了大量新的就业机会。

世界格局层面，百年未有之大变局。各国竞相投入人工智能研发，争夺科技领先地位，国际竞争趋于白热化。同时，人工智能也在促进国际合作，为解决全球性问题提供平台与机会。面对技术带来的国际格局复杂化，构建人类命运共同体，平衡各国利益，成为国际社会的共同课题。

03 我们即将面临什么？

除了正在发生的改变，未来潜在的挑战同样值得我们关注。

技术鸿沟加剧。智能时代的到来加剧了不同群体之间的技术鸿沟，那些能够掌握和运用新技术的人群将拥有更多的资源和机会，而那些被技术边缘化的人群则可能面临更加严峻的生存挑战。此外，智能技术的加持使得机器排挤人已经成为很多行业和领域当前和未来的趋势，除了人与人之间的不平等，人机主客价值关系易位同样堪忧。

数据安全挑战。在享受 AI 带来的便捷时，个人隐私和数据安全成为悬在头顶的达摩克利斯之剑。智能攻击手段不断升级，自动化恶意软件泛滥，让每一个数字足迹都可能成为被攻击的靶心。

道德伦理模糊。从自动驾驶汽车的责任归属问题，到 AI 决策是否应尊重人权、维护社会公平，每一个问题都触及了人类社会的核心价值。如何确保 AI 系统遵循道德准则，制定 AI 伦理规范，引导技术向善，促进社会公正，成为我们必须正视的伦理难题。

04 为什么要立心

我们所处的时代，是一个能因让机器思考而引以为傲的时代，也是一个时刻怀疑人类还能否思考的时代。

人工智能给人类带来的挑战，最终指向的都是人类对自身价值定位的模糊。李开复有预言："未来十五年，AI 会接管我们一半的工作。"不管是以创意著称的内容写手与平面设计师，还是流水线上重复简单操作的工人，在智能时代都可能被 AI 所取代，而人工智能对人类在工作中的替代性，使得人们对自我价值产生不确定。

人工智能展现出的强大技术力确实令人折服，但在我看来，人和机器之间存在着本质上的区别，这种区别源自人类独有的"心"，这颗心赋予了人类超越算法与数据的"超能力"。

创造力与适应性。人工智能虽能模仿与创新，但其创造力源自算法与数据驱动，缺乏人类那种源自灵感迸发、跨越既有框架的原创力。人类的创造力是心灵深处对未知世界的探索与表达，面对复杂多变的世界，能迅速调整自己的思维和行为方式。

情感的体验与表达。情感是人类独有的心灵体验，它让我们的生活丰富多彩，也是连接人与人之间最深刻的纽带。机器或许能模拟情感反应，但无法真正感受喜怒哀乐，更无法体验爱、同情等复杂情感。正是这些情感，让人类的行为充满温度，赋予生活以意义。

道德伦理。道德伦理是人类社会长期发展中形成的行为规范与价值判断，它根植于人心，指导着我们的行为选择。机器虽能遵循预设的规则与算法，但缺乏自主判断道德情境、权衡利弊的能力。面对复杂多变的道德挑战，人类的"心"能引导我们做出符合伦理的选择，维护社会的和谐与正义。

人工智能专家朱松纯教授在北京通用人工智能研究院2023年毕业典礼上的重磅发言，他以"人文赋理、为机器立心"为视角，重新思考我们正在面临的智能时代，回答了在这个时代中的智能学科的三重使命："一为学生立心，培养具有认知能力、独立思考、明辨是非的时代新人；二为机器立心，打造符合人类价值的通用智能体；三为天地立心，求解社会公平正义的新方程式，探索人类文明的新范式。"

用人类视角对机器的逻辑行为、输出内容进行把关、引导和训练，成为人机关系中的掌舵者，是未来人机交互关键。而在人工智能时代，以立心为方向，挖掘并巩固人类价值，是应对AI给人类带来挑战的根本措施。

第二节
中华民族的伟大复兴：立命

从当今全球局势看，我们身处的社会发展面临诸多问题。宏观上，资源匮乏与人口膨胀的冲突日益尖锐，社会排斥与对立加剧，国际关系紧张；聚焦微观，在消费主义的冲击下，个体物欲追求被放大，人与人之间缺少信任，精神空虚和道德滑坡现象时有发生。

从我国的政治文化传统观念来看，中国在历史上是一个"以仁治国"的礼仪之邦，也是经历万难的"百众之合"的国家。我们应以史为鉴，对当今时局有清晰的认知，以为国为民为己任，重修身，再立命，为中华民族伟大复兴付一己之力。

01 何为立命

常言"修身立命"，可"立命"究竟何解？

"立"本意为站立、竖立，引申为建立、确立之意，象征着稳固与持久。根据《古汉语常用字字典》，"立"还有一个释义是生存、存在，即树立志向、确立目标，常用作"使……立"。"命"最早流行于殷周时期，人们以"天命"来代指政权变化或个体命运，后随先秦诸子的人文精神演进，被赋予了明心见性、君子之本的价值追求。

"立命"始见《孟子·尽心上》，曰："存其心，养其性，所以事天也。夭寿不贰，修身以俟之，所以立命也。"儒家的终极人生目标是立德、立功、立言，其中立德是从个人修养而言，要成为有德君子，最终成圣成贤；立功和立言是从社会责任来说，能造福社会，利益大众。若能通过立德实现"养性事天，修身立命"，最终达到自我完善与掌握自身命运的根本，便达到了孟子所言之立命。

孟子从个体修身的角度讲"立命"的，对比之下，张载则从社群民众这一更大范围讲"立命"，尤显可贵。其"为生民立命"，将"立命"提升至社会改造与文明传承的高度，为君子贤者提供了一种做人的价值目标——助众安身立命为己任，塑生命之正道。

通俗一点来说，"立命"好比给自己的人生定了个大方向，是修身养性、追求更高境界的过程。而在新时代的背景下，中华民族伟大复兴是每一个中华儿女的使命。无论身处何方，从事何业，都应该将个人命运与国家紧密相连，将梦想融入国家发展，以实际行动共筑中国梦，书写新时代华章。

02 为何立命

中华民族伟大复兴是一项空前伟大的事业，也是一项全面而复杂的事业。在"嫦娥"揽月、"天和"驻空、"天问"探火等战略高技术领域迎来跨越时，在 GDP 持续增长、脱贫攻坚战全面胜利、社会保障体系日趋扩大等民生福祉显著提升的坚实步伐中，文化软实力应当得到同样的重视。

"万里长征，山路重重。热血沸腾，哪怕山路崎岖峥嵘。"文化传承与创新和民族精神凝聚两大时代课题，是挑战，但我们同样要有胆量走过去。

文化传承与创新。中华民族拥有五千年灿烂文明，文化底蕴深厚，这是我们的根与魂。同时，文化的传承并不是简单的复制和模仿，而是在继承基础上的创新和发展。立命，就是要我们将传统文化的精髓进行创造性转化，使其适应现代社会的发展需求，进而促进个体与社会的和谐发展。这是民族复兴进程中文化领域的重要挑战，也是我们每个人肩负的时代使命与责任。

民族精神凝聚。民族精神是一个民族赖以生存和发展的精神支柱，是激励中华儿女团结奋斗、勇往直前的强大力量。在中华民族伟大复兴的关键时刻，凝聚民族精神显得尤为重要。以抗击新冠疫情为例，这场突如其来的疫情考验了中华民族的团结与凝聚力。面对疫情，全国人民众志成城，医护人员冲锋在前，科研人员夜以继日研发疫苗，志愿者们无私奉献，共同构筑起疫情防控的坚固防线。这一过程中，中华民族展现出了强大的凝聚力和向心力，共同抵御了疫情的侵袭。立命，就是要我们树立正确的价值观，坚定理想信念，将个人的命运与国家的命运紧密相连，形成强大的民族向心力和凝聚力。如何进一步增强民族自豪感和凝聚力，激发全民族的奋斗精神是民族复兴进程中的另一个重要挑战。

信仰的复苏与磐固。立命之本，在于树立正确的价值观，坚定理想信念，将个人命运紧紧融入国家命运之中，从而达成中华民族的伟大复兴。

然而，身处在这个物质极度丰富、信息极度膨胀的时代，我们的孩子却日渐迷茫，强烈的孤独感和无意义感充斥着他们空洞的内心，就像是被困在无形的笼子里——孩子们患上了"空心病"。

从学理性的角度来讲，空心病并非医学上的正式诊断，但它确实反映了现代孩子面临的一些深层次问题。这些孩子对学习和生活逐渐失去兴趣，甚至对人生的意义产生怀疑，他们不知道自己是谁，不知道自己要去哪里，更不知道自己为什么而活。这些疑问使他们难以看清前路，更难以找到指引自己前行的明灯。

根究空心病的成因，我将它归结为"集体的信仰缺失"。从广义来讲，信仰是对某一理念、价值观或人生目标的深度信赖和坚定追求。在人类历史的长河中，信仰一直是推动文明进步的重要力量。当人们什么都不信的时候，那一定是非常盲目的，而当我们有了信仰，它就能为我们提供前进的动力和方向，使得人类能够不断地超越自我，实现文明的飞跃。

哥伦布怀揣着对未知世界的无尽憧憬，坚信向西航行终将抵达他心目中的亚洲，正是这份信仰，让他最终发现了崭新的大陆；而马克思则坚信"无产阶级的解放是历史的必然趋势"，这份信念如同磐石般坚定，为我们揭示了社会发展的前进道路；在革命战争的硝烟中，中国共产党人凭借着信仰的力量，无畏于"敌军围困万千重"的险境，以英勇无畏、慷慨就义的英雄气概，夺取了千百个胜利。

如今，我们这个时代面对着风云际会的局面，作为华夏儿女，更要勇敢冲破"空心病"的泥沼，把实现中华民族伟大复兴作为我们的信仰，在经历沉寂、迷失和动摇后，重新使内生力觉醒、迸发。并在这个信仰复苏后，变得像磐石一样不可动摇。

一旦信仰复苏、磐固，孩子们就不会再"空心"，时代也将摆脱惘然与浮躁，这就是新时代"立命"的根本动因。

03 何以立命

百年大计，教育为本。中华民族伟大复兴是时代赋予我们的责任与使命，而为实现这一宏远目标，心新教育亦当兼收博采并辅之以新，去立本心之命、立至诚之命、立常新之命，如此，方能培养出担当民族复兴大任的时代新人，共同迎接未来挑战。

立本心之命：做一个有信仰的人。罗曼·罗兰曾说："人这一生，最可怕的敌人，就是没有坚定的信仰。"心新教育是唤醒心灵、发现自我、认识自我的教育，以此来让学生明白一个人生命的本质是什么？人生的大义又在哪里，并在理解外部环境的同时辨别是非，实现从心（认识）到新（革新与成就）的发展与跨越，确立崇高的信仰。

立至诚之命：做一个志存高远的人。至诚，是心怀家国天下的情怀，心新教育倡导学生树立远大理想，开展以天下兴亡、匹夫有责为重点的家国情怀教育，进而拥有乡土情结，增强国家认同，激发爱国情感，树立民族自信，形成"为中华民族伟大复兴而读书"的崇高信念，培养"家事、国事、天下事，事事关心"的责任感，以及"位卑未敢忘忧国"的深切情愫。

立常新之命：做一个追求卓越的人。在这个日新月异的时代，唯有不断创新、追求卓越，才能保持竞争力，赢得未来。心新教育以革新自我为统领，培养创新精神，争做创新人才，创造未来新天地。通过不断学习与实践，以卓越之姿迎接每一个机遇与挑战，共同开创更加辉煌的未来。

第三节
教育理念的继往开来：继绝学

心学教育是我在改革全面深化的历史阶段、站在华迈学校新建的节点确立的教育思想。它并非无源之水，无本之木，而是深入挖掘中华传统文化之精髓，继阳明心学与东坡新说之绝学，融合古今智慧所确立的教育思想。

唯藉过去乃可认识现在。历史是研究人类过去的学科，而研究的最终目的是促进当今人类社会的利益。因此，在探讨中华民族伟大复兴路径时，作为一名教育工作者，我本能地会去历史中寻找答案，希望通过历史，为今天的教育实践提供某种帮助。

尽管在不同历史时期下，中国教育都各骋所长，但若将视野拉长，我们不难窥出，整个中国教育发展的总体趋势是从传统走向现代，其历史演进经历可分为两大时期：

中国传统教育的形成与完善。中国教育自西周起，伴随社会由部落转封建、经济由渔猎向农业转型，教育从无组织步入有组织阶段，成为政治工具，以家族为核心为贵族所垄断。东周后，诸侯争霸，教育成争霸利器，私学兴起，养士、诸子百家争鸣。秦汉至晚清，教育制度在儒家思想主导下发展完善，目的是聚焦于人才选拔，内容偏重儒经，官私学并存为特色。此间虽有局部调整，但根本未变，教育始终围绕儒家宗旨展开，理论与实践基本承袭两汉模式，展现出持续的渐变而无根本性质改变，深刻影响了中国两千余年的文化传承与社会发展。

中国现代教育的开启与发展。晚清至新中国前，教育传统受冲击，现代化启幕。新中国成立后，教育步入新纪元，在政府的主导下彻底改革旧学制，奠定社会主义教育基础。随后，最终在改革开放步入正轨。

"传统"与"现代"固然殊异，"过去"和"现在"又相互独立。但是，在历史的长河中，它们始终保有着一脉相连的源流。

北宋大家张载在《横渠语录》中展示人之心迹："为往圣继绝学。"一个值得尊敬的民族的历史上，一定出现过值得尊敬的巨人，而且货真价实。以"往圣者"孔孟为代表的先儒大家，到宋代濂、洛、关、闽诸大家，后人沿着先哲的道路，逐步传承与完善中华民族的哲学思想体系。"为往圣继绝学"，不仅是对古代先贤智慧与学问的承继，更是对中华优秀传统文化的弘扬与发展。

01 心学之流变

时至今日，我们依然在谈论心学，它能够让大众保持持续不断的热情，在于其丰富内涵和无穷魅力。心学为中国哲学核心之一，在很大程度上体现了中国哲学的特点。以心为主轴，关联多范畴，历经演变，融合社会实际，具有深远时代价值。

"心"字首见于甲骨文，初指人和动物的心脏，后被赋予人的精神意识，衍生为心学。

先秦儒家所主张的"心性之学"是心学的重要起源，通过孔子提出"为仁由己"，强调"仁"的实现在于"人心"，提倡"心不违仁"；孟子言"仁义礼智根于心"，强调"仁，人心也"，把仁与心统一起来；荀子"心合于道"的思想及他提出"人心""道心"之分，对道统心传说提供了一定的借鉴。作为后世心学重要的思想来源，儒家"心性之学"形成了对心的系统化理解，为后世心学发展奠定基础。

佛教从印度传入中国后，心学随着佛教的兴盛得到进一步发展。佛教受先秦儒家包括孟子心性之学的影响，把心性论上升为本体论，讲"尽心知性"和"穷理尽性"，明确提出"心学"这一概念。

宋明以来，理学各派在吸取佛心本论或性本论的基础上，以儒家心性伦理为本位，把宇宙本体与儒家伦理相结合，集心性本体与心性伦理于一体。陆九渊提出"心即理"的著名命题，将"理"与"心"相连，亦是宇宙的本体。王阳明在陆九渊的思想基础上，提出"致良知"说，以良知作为心之本体，以最具主观能动性的良知作为最高原则，来取代"天理论"一统学术界的局面。此外，王阳明还对哲学心范畴作了详尽而深入的论述，在新的高度确立起心本体的权威，以充分发挥主体之心的能动作用。心学从确立到完善不仅丰富了中华文化的精神内涵，也深刻影响了后世的思想观念与行为方式。

02 "新说"由心而生

"芭蕉心尽展新枝，新卷新心暗已随。愿学新心养新德，旋随新叶起新知。"这首张载所作的《芭蕉》，以芭蕉独特的生命轨迹，向我们展现了"新"从"心"生的生命哲理，恰似中华文化长河中不断涌动的"新说"之潮。我这里提到的"新说"，并非局限于指某一学派，而是贯穿于历史脉络中，先贤们求新、创新的精神火种。蔡伦总结以往人们的造纸经验革新造纸工艺，终于制成了"蔡侯纸"；张衡则以星辰为伴，观天象，制浑仪，留《灵宪》以启后世……

先贤以行诠释"新说"真谛，为后人树立求新、创新的典范。心新教育以古求新，以一代文宗苏东坡为"新说"之极致，以其强大的生命韧性激励我们不断前行，在继承中创新，在创新中发展。

千年来，苏东坡以其器识之闳伟，议论之卓荦，文章之雄隽，政事之精明，心胸之豁达深受后人尊敬与崇仰，带给人们无穷的精神力量。他总能把人生的不快，转化成快乐，给后人留下了无穷无尽的宝藏：东坡肉、东坡饼、烤生蚝，品不完的美食；赤壁赋、水调歌头、题西林壁，数不尽的诗词；寒食帖、墨竹图，道不完的风骨……

求新、创新，苏东坡步履不停。在哲学探索的道路上，他追求"道真"，勇于对经典进行重新解释与阐发，力图构建全新的道学理论；对待经典，他展现出非凡勇气，对《春秋》《尚书》等儒家经典进行大胆质疑和重新解读；在文艺领域，他开创田园诗体系，将中国古典诗歌推向了一个新的高度，书法、绘画等艺术成就也对中国传统文化产生了深远的影响……

居高处为翰林学士，落低谷为狱中囚犯，苏东坡一生颠沛流离，却能超越个人的悲哀，从苦闷中走向旷达自在，从现实接二连三的无情打击中一而再，再而三地展现生命韧性。"沧海何曾断地脉，白袍端合破天荒。"苏东坡在海南的破天荒精神，正是华迈"新说"最好的注解。

时至今日，当心新教育历经萌芽、生发、沉淀、实践的路径之后，我时常回望圣贤，从苏东坡的出世豁达与王阳明的知行合一，到心与新的学理思考，心新教育，正是在这样一条历史长河中汲取智慧，融合创新，培养既有深厚文化底蕴，又能面向未来、勇于担当的新时代学子。它不仅是对过往的致敬，更是对未来的期许。

第四节
海南高质量发展的现实需求：开华章

作为一校之长，站在海南这片承载着千年文脉的土地上，我深感责任重大。一千年以前，苏东坡踏上这片土地，不仅留下了传颂千古的诗篇，更以他的学识与风范，为这片热土播撒下了文化的种子。

如果说，当年苏东坡踏上海南的第一步，迈出了海南教育的一大步，那么今天，心新教育在海南踏出的这华迈一小步，就是我们在海南中国式现代化教育征程上迈的一大步。

01 背景：海南教育迎来历史性时刻

2018年4月13日，习近平总书记在庆祝海南建省办经济特区30周年大会上指出："新时代，海南要高举改革开放旗帜，创新思路、凝聚力量、突出特色、增创优势，努力成为新时代全面深化改革开放的新标杆，形成更高层次改革开放新格局。"

在这一时代背景下，海南自由贸易港（以下简称"自贸港"）的建设更是国家赋予海南的全新历史使命。这是海南全面发展的新机遇，也是海南必须面对的重大挑战。

自贸港建设的挑战从何而来？除去与国际市场的对接能力弱、对外交流合作政策细化不深、基础设施建设尚算落后之类因素外，制约其高质量发展的根本原因在于，受历史条件和发展水平限制，海南的人才储备相对不足，自贸港建设缺乏专业人才和创新人才的支撑。

第一章 缘起：新时代的教育「心」命题

"问渠那得清如许，为有源头活水来。"正如渠流需要源头的活水来保持清澈与活力，海南想要获得更高层次的发展，除了外引人才外，更需要作为"源头活水"的本土人才持续涌现，来为这片热土量身定制发展之策。

作为未来新地标的海南拥有无尽发展潜力，如今，其高质量发展已成为我们共同的现实需求。而教育，作为社会发展的基石，其质量的高低直接关乎着海南的未来竞争力。所以，要实现培养本土人才的目标，关键在于发展教育。

30年前，当我从辽宁师范大学毕业决心投身教育事业时，就开始构想中国所需要的育人模式。2019年，我受华东师范大学所邀，来到澄迈县探查教育现状。

经过多方走访，我得出的结论是：澄迈亟需教育变革！由于教育经费投入有限，学校教育设施条件处于较低水平，学生们难以获得优质教育资源，学业水平也难达到全省平均标准。海口等教育发达地区对澄迈的"教育虹吸"，不仅导致澄迈学生进一步流失，同时也造成优秀教师、教育资源流失，加剧了教育不均衡的情况。此外，澄迈县教育理念滞后，缺乏与时代发展相适应的教学方法，也使其教育质量在全省落后。

这样的教育条件，怎么可能培养出能肩负自贸港建设重任的人才？

成为华迈中学的校长后，我每天心中所想，就是如何办好这所"乡镇中学"，让它真正能为海南未来建设输送本土人才。正是基于这样的思考与愿景，我将在内陆萌芽的心新教育带到海南，施以阳明心学和东坡新说的养料，汲取华东师范大学的思想精髓，让它发展成富有澄迈特色的教育理念，来对澄迈的基础教育尝试华迈改变。

02 聚焦：心新教育培养何种人才

"笔落惊风雨，诗成泣鬼神"是杜甫赞扬李白的诗作具有惊人的力量；"黄沙百战穿金甲，不破楼兰终不还"是王昌龄笔下将士不畏艰难、誓死保卫国家的决心；"羽扇纶巾，谈笑间，樯橹灰飞烟灭"是苏轼欣赏周瑜指挥若定的能力；"千磨万击还坚劲，任尔东西南北风"是郑燮颂赞修竹不屈不挠的精神。千百年来，文人墨客留下不朽诗作，将中华儿女的才能和精神代代相传。

放眼当下，接过前人接力棒的华迈中学，为达到海南高质量发展与自贸港建设的需求，又该通过心新教育理念培养出什么样的人才？

以育人目标为施教准绳。华迈的育人目标是培养"从心启程、全新绽放"的求知者、创造者、担当者，更具体的便是培养学生自由之精神、个人之责任、独立之思考、自我之觉知、合作之意识、终身学习之基础、获得幸福之能力，让每个学生拥有幸福而有意义的人生。

我们培养拥有自由精神的探索者。在华迈，我们视自由精神为学生成长的基色，鼓励学生们挣脱思想的枷锁，勇于探索未知的世界，敢于挑战权威，追求真理与自由。通过开放式的课堂讨论、丰富的课外活动以及国际化的交流平台，学生们在知识的海洋中自由遨游，学会独立思考，成为具有创新精神和批判性思维的时代探索者。

我们培养承担个人责任的践行者。责任，是每个人成长不可或缺的品质。华迈中学强调个人责任的重要性，通过"五育融合"的教育模式，不仅关注学生的学业成绩，更重视他们的品德修养、身心健康、艺术审美和实践能力。我们期望每一位学生都能成为有责任感的公民，无论是对自我、家庭还是社会，都承担起应有的责任。

我们培养独立思考的智者。在信息爆炸的时代，独立思考之可贵不言而喻。华迈中学致力于培养学生的独立思考能力，通过研修性课程和个性化、针对性的教学方法，激发学生的好奇心和求知欲，鼓励他们自己提问、自己解答。我们希望每一位学生都能成为拥有独立见解和判断力的智者，能够在复杂多变的世界中保持清醒的头脑，做出正确的选择。

我们培养自我觉知的自视者。认识自我，是成长的第一步。华迈中学通过心理健康教育、生涯规划指导以及个性化的成长辅导，帮助学生深入了解自己的兴趣、优势和潜能。我们鼓励学生进行自我反思和自我探索，找到属于自己的生命意义和价值追求。

我们培养具有合作意识的构建者。在全球化背景下，合作精神显得尤为重要。华迈中学通过团队项目、社会实践和志愿服务等活动，培养学生的团队协作能力、沟通能力和领导力，期望每一位学生都能在团队中发挥自己的优势，共同创造美好的未来。

我们培养终身学习的更新者。"流水不腐，户枢不蠹。"在终身学习已成为必备能力的当下，华迈注重培养学生的自主学习能力、信息获取能力和创新思维能力，为他们打下终身学习的基础。通过我们的教育，我们希望每一位学生都能成为终身学习的践行者，不断追求新知，不断提升自我。

我们培养能够获得幸福的有心人。要而论之，华迈中学全部的教育目标，都是为让学生获得幸福服务的。我们希望通过全面的教育，让学生能够珍惜生活、感恩社会、关爱他人，从而拥有幸福而有意义的人生。我们相信，只有拥有幸福能力的人，才能真正地享受生活、创造生活、传递幸福。

在育人目标的引领中，华迈正不断探索与创新，为培养更多具有优秀特质的时代新人而不懈奋斗。

以服务自贸港建设为根魂。为中华民族伟大复兴培养生力军，为海南自贸港建设培养领军人，始终是华迈中学不曾改变的办学宗旨。

牢记"为党育人、为国育才"的初心，牢记"心新报国，华迈为民"的使命，我校致力于培养具有爱国情怀与时代担当的学生。心新教育希望华迈学子不仅具备深厚的爱国情怀，还勇于担当，敢于创新，最终能以实际行动报效国家，服务人民，成为海南未来发展的中坚力量。

随着海南自贸港建设的深入推进，对高素质、专业化人才的需求日益迫切，我校力求培养具有国际视野和创新能力的学生。心新教育通过优化课程设置，引入前沿学科知识和特色课程，加强实践教学环节，搭建广阔平台，助力同学们收获才能，理解责任。

在关注学业成绩的同时，心新教育更重视学生的全面发展，因为我校希望培育出拥抱卓越人生，勇于追求幸福的学生。为了给同学们的幸福人生奠基，我校充分提供多样的教育资源和实践机会，激发学生的潜能，使他们在学习中获得成就感和幸福感，成为具有高尚品德和积极心态的人才，为海南乃至中国发展提供幸福化的新可能。

为了实现上述培养目标，我校注重构建多方共赢的教育生态，努力让学生有获得感、归属感，让教师有尊严感、幸福感，让家长有信任感、参与感，让学校有责任感、使命感，让社会有认同感、期待感，让国家有成就感、自豪感。通过加强家校合作、校社合作等多种方式，形成教育合力，共同见证每一分努力汇聚成推动国家前行的强大力量。

我校这种全方位、多层次的教育生态，为学生成长成才提供了更多保障。我相信，从华迈走向社会的莘莘学子，一定都能在建设海南、复兴中国的伟大事业中找到属于自己的定位。

03 宏愿：心新教育实施的必然

"风雷驱大地，浩气贯长空；积弊须尽除，新颜待展容。"澄迈县基础教育"沉疴多年",正在等待一个变革的机会。举改革之旗,开教育华章,是华迈中学在海南的必达使命。

以"中国知名、海南一流"为办学目标,华迈中学致力于成为实验性、示范性的高品质学府。秉持创新教育理念,华迈要做实验先锋,勇探教育改革新路;当示范标杆,华迈要引领区域教育发展。我们不仅要在海南独树一帜,更希望在中国教育界留下深刻印记,成为教育创新与人才培养的典范,为全国教育提供新参考模板。

目标已立,理念先行。做实验先锋,勇探教育改革新路,离不开心新教育的切实实践。心新教育,根植于儒家深厚的教育土壤,融合阳明心学与东坡新说的智慧精髓,同时又紧密结合新时代中国特色社会主义思想,为华迈的教育改革提供了丰富的理论资源与实践导向。它强调"明心、立命、志高、常新",这一概念为学校各方面革新提供了价值引领,也助力华迈中学成为澄迈县教育改革"第一个吃螃蟹的人"。

当示范标杆,引领区域教育发展,少不了心新教育的辅助。心新教育崇尚"心为始,新为行,澄爱明心,教泽常新",我们坚信每一个孩子的心灵都是一座宝藏,等待着被挖掘、被点亮。在应试教育盛行的当下,心新教育致力于构建以学生心灵成长为中心、助力学生全面发展的教育环境。这一大胆的创举,正是华迈中学引领区域教育发展的信念之源。

顺势制宜,合时而行,这就是心新教育在华迈中学推行的必然。

行百里者半九十。华迈中学自建校以来,一直将心新教育理念作为助力海南区域教育改革的希望。但作为多年的教育者,我深知想要改革教育模式,其探索之路不会平坦,可我始终对心新教育满怀信心,坚信它是我们迈向海南中国式现代化教育征程的重要力量。

2019年9月26日，首次开学典礼《遇见华迈，见证美好》

"路漫漫其修远兮，吾将上下而求索。"正如我在开头所言，心新教育在海南踏出的这华迈一小步，绝非简单的尝试或探索，而是我们坚定信念、勇往直前的象征。我希望华迈中学能在心新教育的引领下，与师生、家长及社会各界携手并进，共同开启海南教育新的华章，踏出海南迈向中国式现代化教育的关键步伐，并一步一步确乎不拔地持续走下去。

第二章

心与新的哲思内涵

教育是信仰的事业，要传承自己的民族精神；学校是人文教育的场所，要有自己的文化主题。从教数年，历经多所学校流转、多重身份蜕变，每一次角色的转换，都是对教育本质的一次重新审视，每一次实践的探索，都是对我的教育理念的一次深化和完善。

　　这个过程中，总有一些一以贯之的东西，它们不以我个人岗位调动而转移，不因地域环境变化而改变，可以持续地在中国教育的每一个角落发挥积极作用。这就是心新教育，也是我的教育信仰。

第一节
思想内涵：认识心新，再识教育

教育是什么？这是关乎教育发展的重要问题，是研究教育、践行教育、关注教育群体的底层问题。

"教育"二字最早见于《孟子·尽心上》，曰："君子有三乐，而王天下不与存焉。父母俱存，兄弟无故，一乐也；仰不愧于天，俯不怍于人，二乐也；得天下英才而教育之，三乐也"。能把自己的知识与感悟传播出去，即为教育。许慎所著《说文解字》中给出的明确释义为"教，上所施也，下所效也；育，养子使做善也。"上行下效，并诲人向善即为教育。简而言之，教育是通过知识的传承与道德的引导，促进个体全面发展与社会进步的过程。它是人类特有的社会性行为，具有强烈的目的性。因此古今中外，不同历史时期与社会环境下，人类对教育的认知与实践也不尽相同。

自1993年踏出辽宁师范大学的校门，我从教已三十一年。从一名一线教师班主任，到学校中层干部，再到多所学校的校长，一路上有幸获得过许多荣誉，也有缘培养出了一批批人才，我认为，只要投身教育就要有对教育事业的无限热爱、对学生成长的深切关怀以及对教育创新的不懈追求。美国教育家约翰·杜威有一句话我很赞同："如果我们用过去的方式教育现在的孩子，就是在剥夺他们的未来。"因此，随着人生阅历的丰富与对教育理解的深入，我内心中总有一种涌动，一种对教育表达的渴望。"我是谁？我从哪里来？我要走向哪里？"这些经典的哲学问题同样值得在教育实践上产生新意义。故而，通过对过去教育实践的总结归纳，结合华迈办学的现实状况，我最终确立了心新教育这一教育理念——

心新教育，是心知新行的教育，是关于心灵常新的信仰与励精致新的行动。

具体来说，是以"为党育人、为国育才"为使命，以"阳明心学、东坡新说"为根脉，以"心灵常新、五心六境界"为目标，以"澄心迈新、新泽天下"为价值观，以"心知新行、励精致新"为核心要义，以"向心向新、创生未来"为行动指南，实现"至诚报国、人生绽放"的理想与信念。

以心为始，蕴育内生力，激发心灵能量；以新为行，培养发展力，培育创新人才。"心"是起点与归宿，"新"是路径和行动。心新教育意在引导学生唤醒心灵、发现自我、认识自我，引领学生除旧布新、变革自我、成就自我。

从心的认知到新的发展，既是华迈中学积淀阳明心学、东坡新说而"澄心迈新"的自勉与超越，亦是一个人"发现自我、赢得未来"的个性化发展和社会化发展，更是"心新报国、华迈为民"的教育信仰。

在此之前，我于2010年至2018年，已先后在本溪市实验中学、本

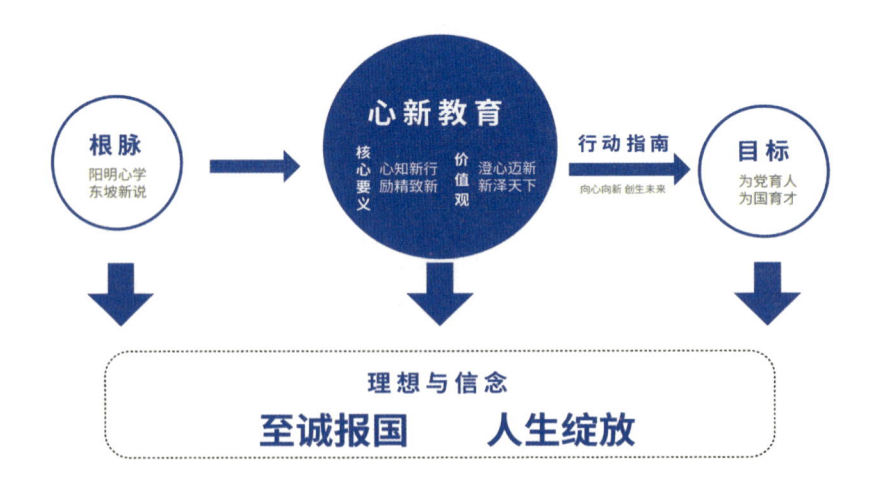

华迈中学"心新教育"内涵

溪市第二高级中学和本溪市高级中学提出了"幸福教育""美的教育"和"心新教育"。尽管表述各异，三个教育理念对教育本质的理解是一致而又发展的。诚如之前所说，我对心新教育一直处于一种探索状态。同样的，教育理念作为指导教育实践的核心思想，也应该是一个动态、发展的过程，受到内外部多种因素的影响，从而不断生发和完善。虽然在本溪的办学取得了一定成绩，但在实践中我发现，彼时的心新教育离我理想中的教育还有不小的距离。于是，我走出辽宁，扎根海南，开启了属于心新教育的新篇章。

该如何理解心新教育？

心新教育是一种心的教育。教育即育人，育人先育心。何为心？心者，生之本，神之变也，它包括思想、情感、意志等精神层面。心灵的成长交织着心态的锤炼、心理的调适、心智的启迪、心性的涵养、心境的升华以及心志的彰显，这些方面相辅相成，共促心灵从内而外全面发展，迈向更高境界。在继承阳明心学的基础上，心新教育以认识自我为统领，激发心灵能量，培养核心素养，建立核心价值观。倡导"心为始"，意味着教育应从理解、关怀与启迪学生的内心世界开始，通过引导学生自我反思、情感共鸣与心灵觉醒，蕴育内生力。心是教育的出发点与归宿。教育者以自身高尚的情操、深厚的学养为榜样，用爱心、耐心和智慧去滋养学生的心灵，使之在潜移默化中受到熏陶，形成积极向上的价值观和人生观，最终实现"以心润心"。

心新教育是一种新的教育。"新"寓意着创新、变革与发展，它体现在观念、方法、内容等多个方面，通过革新自我，培养创新精神，培育创新人才，创造未来新天地。从微创起步，历经初创的洗礼，经由精创的雕琢，再到融创的跨越，最终成就卓创的辉煌，这一过程链层层递进、相互依存，共同构成了创新、创造的丰富内涵和多样形态。在教育理念上，心新教育以"为国育才"为己任，积极响应时代需求，培养具有创新精神、实践能力和社会责任感的新时代人才。在课程设计上，心新教育结合个体的个性化需求与社会的现实命题，打造独具华迈特色的"心启航"与"新科创"课程，并在教学过程中积极融入现代科技元素，利用信息技术手段优化教学过程，提高教育效率和质量。在教学内容上，不仅关注学生的知识积累，更重视其思维能力、情感态度和价值观的培养，关注学生学业质量，更关注学生的核心素养，关注真实情境的创设和学生解决生活中实际问题的能力，关注育人方式的变革。

心新教育是一种信的教育。心新教育是我的信仰，也是全校师生员工共同的价值追求，它是由追求卓越、服务社会、尊重知识、培养创新等多个方面构成的学校文化核心价值。同时，心新教育的"信"，还体现在对教育理念、国家未来及学生成长的坚定信念上。它坚信教育是国之大计、党之大计，是培养社会主义建设者和接班人的重要途径。因此，心新教育始终将"为党育人、为国育才"作为自己的神圣使命，致力于培养德智体美劳全面发展的社会主义建设者和接班人。同时，心新教育还坚信每个学生都有无限的潜力和可能性，只要给予他们足够的关爱、引导和支持，他们就能绽放出属于自己的光彩。这种对教育事业的忠诚与热爱、对学生的信任与期待，构成了心新教育最坚实的信念基石。

心新教育是一种行的教育。行是知之始，知是行之成。心新教育不是象牙塔中的空谈，只有能应用在实际教学生活，真正成为改变社会、推动进步的力量，才算是教育思想。它倡导教育者不仅要做知识的传递者，更应是行动的引领者，将先进的教育理念转化为可操作的教学策略与模式，扎根于日常教学之中。通过不断试错、反思与优化，使教育过程成为学生主动探索、积极建构知识意义与社会价值的旅程。心新教育拒绝脱离实际的空谈，强调教育成果的社会转化力，即教育应能够切实提升学生的综合素养，培养其成为能够解决复杂问题、推动社会发展的创新型人才。唯有如此，心新教育方能真正成为推动教育现代化、促进社会全面进步的坚实力量。

第二节
立意思索：个体生命的整体激活

亘古贯今，每一股思潮的涌动，每一次理念的革新，都是对过往智慧的反思与未来远图的求索，诞生于当下的心新教育亦是如此。它并非无本之木，心新教育植根于深厚的历史土壤，是对传统教育精髓的继承与超越，更是对当代社会变迁与教育需求精准把握的产物。

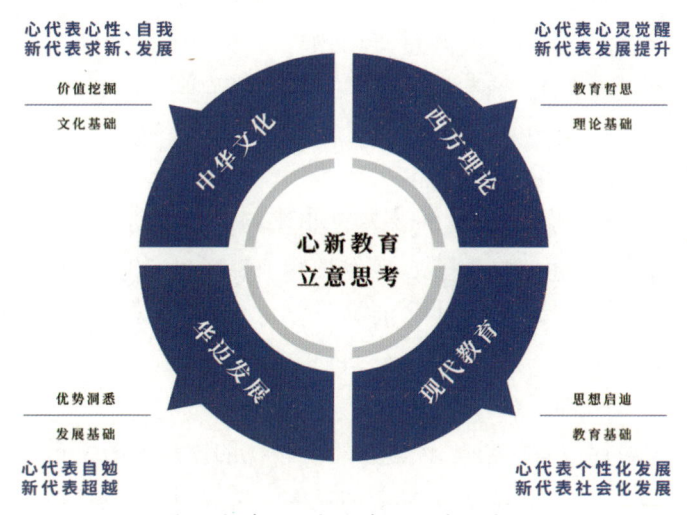

华迈中学"心新教育"立意思考

源发：中华文化的价值挖掘。中华文化历经数千年风雨洗礼，在不断地汇聚与筛选中，积淀了丰厚的财富，为今日教育提供宝贵指引。孔子以"心"为核心，强调主体意愿与德性状态的重要性，提出"知之者不如好之者，好之者不如乐之者"，倡导主动学习、乐于求知的精神；孟子则进一步指出，"尽其心者，知其性也，知其性，则知天矣"，强调人应发自内心地追求道德完善与智慧成长；儒家经典《大学》的"三纲领"与"八目"，不仅是对个人修养的指引，也是对社会责任与担当的呼唤。

中华传统文化所折射出的"尽心知性而知天"的自主意识和发展意识,是对心新教育的深刻解读。在此语境下,"心"代表心性、自我,"新"代表求新、发展,唯有报以一种谦恭、主动、积极的心态,才能让自我得以全面而卓越的发展。

融汇:西方理论的教育哲思。教育学作为一门理论学科,很大程度上来自西方的教育理念与实践,心新教育思想的构建,也融汇了西方教育的哲思。涂尔干的"人性与社会二重性思想"揭示了人的成长过程是从发现自我到融入社会的过程,强调了道德、情感和智力在个体社会化过程中的重要作用。苏霍姆林斯基则关注于培养学生的智慧与品格,认为教育应使心灵变得更高尚、意志炼得更坚强。雅斯贝尔斯和克里希那穆提则进一步指出教育的本质是精神活动而非知识的堆积,强调心灵的觉醒与智慧的生发。

西方教育理论所传导出的"教育非他,乃心灵的转向"的自省意识和发现意识,通过心灵觉醒实现发展提升,其中包括了心新教育达成健全人格之品格、心性、情怀的做人高度,更包含了心新教育持有创新精神与实践能力之学养的为学深度。

世变:现代教育的思想启迪。随着时代的发展和教育改革的深入推进,现代教育理念也在不断更新和完善。党的十八大以来,教育领域综合改革全面深化,提出了"立德树人"的根本任务和"核心素养"的培养目标。这些理念为心新教育提供了重要的思想启迪和行动指南。国际教育趋势亦表明,教育正朝着培养具有全球视野、批判性思维、创新精神及社会责任感的公民方向迈进。心新教育融合了个性发展与社会化发展的双重维度,鼓励学生于个体意识中去发现自我、认识自我和发展自我,于社会意识中去改变自我、创造自我和成就自我。

前瞻:华迈发展的优势洞悉。华迈作为海南省人民政府开展"两校一园"战略的重要成果，由澄迈县人民政府和华东师范大学合作创办，其办学蕴含着丰富的教育智慧与成功经验。秉承华东师范大学首任校长孟宪承"智慧的创获、品性的陶熔、民族和社会的发展"的办学思想，华东师范大学"求实创造"的校训，华师二附中"卓然独立，越而胜己"的精神，"开明睿智、大气谦和、卓越创造"的上海底色，"大海胸襟、椰树风骨、凤凰雅韵"的海南品格，在自勉中完成自我的修炼，在超越中提升人生的价值。基于文化修养而崇尚科学，追求创新，勇于实践；基于公民素质而砥砺品行，善待万物，肩负责任。而"心"，代表自勉；"新"，代表超越。

融中华文化的价值挖掘、西方理论的教育哲思、现代教育的思想启迪、华迈发展的优势洞悉，心新教育包容并蓄，博采众长，将立意的落点放在个体生命的整体激活上，通过"心"与"新"的交融，"育人"直至"成人"。

01 教育重在育人

教育的出发点是人，教育的最终归属也是人。能否在教育实践中真正落实"以人为本"的观念，把人的发展置于教育的核心地位，这是教育改革与发展成功的关键。这意味着，除了知识的传授与技能的训练，教育者应当看到人的可发展性，更要深刻认识到人的内在潜能与可发展性，将人的成长视为一种自然赋予的宝贵财富。我坚信每个个体都拥有独特的天赋和潜能，而教育的任务就是激发这些潜能，帮助个体实现自我价值。也正因如此，心新教育会引导个体发现自我、实现自我，并在这个过程中不断创新、超越。也唯有如此，才能真正落实"以人为本"的教育理念，让教育成为促进人全面发展的强大动力。

02 唤醒心灵，使人成为完整的人

心之在人，是人之所以为人。既然要育人，就必须得从心出发。心新教育的根本在于关注个体的内心世界，以心灵唤醒去激发潜能，通过心灵的对话与交流，激发学生的好奇心、求知欲和创造力。具体而言，心新教育鼓励学生进行深入的自我探索，认识自己的兴趣、优势与不足，从而树立明确的人生目标；注重培养学生的好奇心、求知欲和创造力，鼓励学生勇于提问、敢于质疑，以开放的心态面对未知与挑战。在这样的教育环境中，学生不仅能够获得知识的增长，更能学会如何独立思考、如何与他人有效沟通，进而形成积极向上的人生态度和价值观。最终，他们将在心灵的觉醒中，成长为有思想、有情感、有责任感的完整的人。

03 社会同化与整体激活

教育不仅仅是个体发展的过程，也是个体与社会互动、融入社会的过程。心新教育强调教育内容的时代性和社会性，致力于培养学生的社会责任感和公民意识。一方面，心新教育紧跟时代发展的步伐，不断调整和优化教育内容与方法，确保学生能够掌握最前沿的知识和技能，为未来的社会生活做好充分准备。另一方面，它注重引导学生关注社会现实，积极参与社会实践活动，通过亲身体验感受社会的多样性和复杂性。在"自然人"向"社会人"转变的过程中，学生将逐渐认识到自己作为社会成员的责任与使命，学会以更加开放和包容的心态去理解和尊重不同的文化和价值观，进而推动人类社会发展。

第三节
价值表达：我的教育宣言

夫教育之道，源广流长，关乎国势兴衰，民族未来。今逢盛世，民安物阜，科技如织，信息若潮。情逐事迁，居常虑变，应时代之需，创心新教育于必然。是以，承"为党育人、为国育才"之神圣使命，溯阳明心学之源，继东坡新说之脉，遂作此宣言。

01 我认为：心新教育——时代之需，育人之本

心新教育是教育发展到特定历史时刻的时代需要，它应时代之运而生，负载着教育发展的历史责任。

古语有云："传道、授业、解惑"，通过多年的教育实践，我深感教育的原点仍在于此，且"传道"仍须居首。什么是"传道"？就是要让孩子们明白生命的本质是什么，人生的大义在哪里，国家情况如何，世界大势怎样……这些大道是发现自我的开始，并在理解的基础上辨别是非，分清善恶，从而铲除一切阻碍和错误观念，实现从心（认识）到新（革新）的发展与跨越。

必先知致弊之因，方可言变法之利。但就目前教育环境来看，分数导向下的蒙头刷题依然被社会主流价值观所认可，遮蔽了教育的多元价值。作为一名教育工作者，我认为教育要"育分"更要"育人"。面对未来社会的挑战与机遇，我们亟需一种能够引领学生全面发展、激发内在潜能、培养社会责任感与家国情怀的教育模式。心新教育，正是在这样的背景下应运而生，它不仅仅是一个教育理念的革新，更是对"立德树人"这一教育根本任务的深刻践行。

02　我期待：心新教育——点亮心灵，照亮未来

华迈中学进门的墙上写着四行大字："做有故事的教育，办有温度的学校，当有智慧的老师，育有情怀的学生"，这是我对教育的期许，也是心新教育在华迈中学的生动诠释。

华迈是寄宿制学校，大多数孩子家居住在农村，孩子以住校为主，校园已然成为他们第二个家。

为了让教育更有温度，为了让学生的心灵更加敞亮，学校通过读书节、劳创节、科创节、艺术节、体育节等"五节"融五育活动，通过"龙水节""美食节""心理团辅"等特色活动，用仪式感、海南味去丰富他们的校园生活；构建书香校园、生态校园，建设"华迈八景"等特色标志性建筑和服务设施，营造出舒适的校园氛围。

心理健康周共绘"每个我值得被爱"

我期待在这所充满温情的校园里，每一堂课都承载着故事，每一次互动都洋溢着温度，心新教育能够成为一盏明灯，照亮每一个孩子的心灵之路。在这条路上，学生们不仅能够学会知识，更能在"五心

六境界"的指引下，逐步构建起健康向上的人生观、价值观与世界观。我期待看到，每一个孩子都能在心中种下"澄心迈新、新泽天下"的种子，让这份纯净与热情成为他们未来人生道路上最厚重的基石。

03 我主张：心新教育——内生外拓，心新合力

一个人的力量往往源自两个核心维度。一方面，是源自外界施加的压力，它像一股无形的推力，时刻在推动着你向前；另一方面是源自内部的生命力，这种力量是自我生成的，它源于个体内心深处的渴望、信念和追求。与外力不同，内生力更为持久、更为稳定，它不会因为外界环境的改变而轻易动摇。就像一枚鸡蛋，外部的压力只会让其破碎，而由内向外的破壳而出，才能迎来新的生命。

12岁到18岁期间，正是孩子们形成人生观、价值观的关键时期，也是他们塑造学习习惯、培养学习兴趣的重要阶段，"塑形"结果将直接关系到他们未来的学习与成长乃至一生的发展。

激活"心动力"，释放内生力。心新教育首先要做的就是激活学生的"心动力"，即激发他们内心的渴望与热情，让他们对学习、对生活充满热爱与期待。这要求我们构建情感桥梁，深入理解并满足学生的心理需求，打造鼓舞人心的学习生态。鼓励学生自我表达，让个性闪光，在体验与反思中锻造坚韧内心与自我驱动，让学习成为自我实现的旅程。当学生的"心动力"被充分激活时，他们便会自觉地投入到学习中去，不断探索未知、挑战自我，从而释放出巨大的内生力。

培育"新动力"，造就发展力。而"新动力"的培育，是将内生力转化为发展力的关键步骤。"新动力"，即创新思维与实践能力。这要求我们在教育教学中，注重培养学生的创新意识与批判性思维，鼓励他们敢于质疑、勇于探索，不断突破传统框架与思维定式。同时，我们还要为学生提供更多的实践机会与平台，让他们在实践中学习、在学习中实践，通过不断地尝试与失败，逐步积累经验、提升能力。

当学生的"新动力"得到充分培育时,他们便能够在面对复杂多变的社会环境时,保持敏锐的洞察力与判断力,灵活应对各种挑战与机遇,从而造就出强大的发展力。这种发展力不仅体现在个人职业生涯的成功上,更体现在为国家、为社会做出的贡献与影响上。

04 我坚信:心新教育——力量之源,未来之基

心新教育的力量是无穷的。未来,华迈中学能够培养出更多拥有正直之心、创新之行的人才,这将为学生的终身学习和全面发展奠定坚实的基础,也为国家的长远发展注入源源不断的活力。届时,我们的教育生态将发生根本性的变化,我们将告别应试教育的束缚与桎梏,迎来一个更加注重学生全面发展、更加关注教育公平与质量的新时代。在这个时代里,每一个孩子都能享受到优质的教育资源,都能找到属于自己的舞台与光芒。

天道恒常,人性不迁。岁月因青春慨然以赴而更加静好,世间因少年挺身向前而更加瑰丽。涓涓不塞,是为江河;源源不断,是为奋斗;生生不息,是为中国;心新不辍,是为华迈。心新教育,不可不察,不可不为。

名家讲堂:中国教育力量三人行论坛

第四节
目标追求：五心以铸魂，六境以致远

康德曾经说过："人只有通过教育才能成为人"，换言之，教育的目的在于使人成为人。诚然，教育赋予了我们知识，让我们能够更好地理解世界、融入社会，去扮演好各自的角色；通过教育，我们也学会了如何思考、如何与他人沟通、如何解决问题。但怎样才算"成为人"，学界众说纷纭，莫衷一是。在我看来，成为一个现代意义上的人，一定要达到五心六境界的标准，这也是心新教育所追求的教育目标。

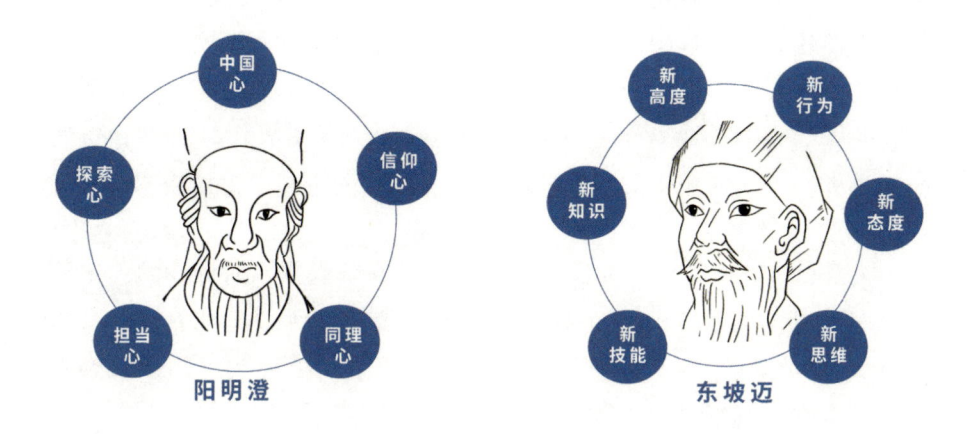

"五心六境界"

01 怀五心以求学

心如水之源，源清则流自澄，心正则行必端。缘何以"正"，唯"五心"而已。五心者，信仰心、同理心、担当心、探索心、中国心也。信仰心坚如磐石，同理心暖如春风，担当心重如泰山，探索心锐如利刃，中国心深似海洋，五心备俱，方以铸就坚韧之魂。

信仰心：信念与自信的光源。信仰心是对个人人生价值的肯定，也是对国家、民族美好未来的执着追求。它要求学习者对自己充满自信，对人生充满信念，对国家的美好未来抱有坚定的信仰。在快速变化的社会中，拥有信仰心的人能够在迷茫中找到方向，在挫折面前不轻言放弃。他们相信自己的潜力，勇于追求梦想，用实际行动诠释"有志者事竟成"的真谛。

　　同理心：情感共鸣的桥梁。同理心是连接个体与社会的情感纽带，是换位思考。它促使学习者学会倾听、尊重与包容，能够设身处地地理解他人的感受和需求。在人际交往中更好地沟通与合作，减少误解与冲突，让社会变得更加和谐，还能保证个体在关爱与被关爱中不断成长。

　　担当心：责任与使命的担当。担当心是社会责任感的主动作为。学习者应对社会、对身份承担责任，积极履行义务。在面对挑战与困难时，担当心促使人们挺身而出，迎难而上。无论是在家庭、学校还是社会，担当心都是推动社会进步的重要组成。在心新教育的滋养下，学生们学会将个人命运与国家兴亡紧密相连，理解"天下兴亡，匹夫有责"的深刻内涵，从而在学习与生活中展现出非凡的责任感与使命感。

　　探索心：好奇与创新的源泉。探索心是驱动人类不断进步的内在动力，它鼓励学习者对知识、对世界保持强烈的好奇心，勇于探索未知领域。在探索中，学习者体验到了发现的喜悦，感受到了知识积累带来的成就感，这种由内而外散发的学习动力，让他们的学习之旅变得丰富多彩、意义非凡。个体也能在不断地尝试与失败中积累经验，逐渐成长为具有创造力和竞争力的优秀人才。

　　中国心：家国情怀的坚守。中国心是每一位中华儿女不可或缺的精神底色。它要求学习者具备强烈的国家意识和民族自豪感，积极传承和弘扬中华优秀传统文化。在全球化的背景下，中国心让个体能够坚守文化根脉、增强文化自信，也促使人们关注国家发展大局、积极参与国家建设和社会治理。中国心不仅是对个人身份的认同，更是对国家未来的期许与责任。

02　达六境以致远

"五心"是心新教育过程中需要不断引导和强化的内在品质。这些品质的培养有助于学生形成健全的人格和正确的价值观，而"六境界"作为教育的目标和成果，是"五心"在学习者身上可操作化的具体体现。通过培养"五心"，学习者可以不断达到"六境界"所要求的知识、技能、思维、态度、行为和高度。

新知识：知识海洋的遨游。强调对新知识的学习和掌握，鼓励学习者不断拓宽知识视野，提升综合素养。在信息时代，新知识层出不穷，只有不断学习才能跟上时代的步伐。通过构建多元化、开放性的学习平台，心新教育为学习者提供丰富的学习资源和机会，帮助他们在知识的海洋中自由遨游。

新技能：实践能力的锤炼。注重实践能力和技能的培养，鼓励学习者将所学知识应用于实际生活中。通过参与实践活动、项目研究等方式，学习者可以锻炼自己的动手能力、解决问题的能力和团队协作能力。新技能的培养不仅有助于提升个体的就业竞争力，还能够促进创新创业活动的开展。

新思维：创新火花的碰撞。培养学习者具备创新思维和解决问题的能力，鼓励他们在面对复杂问题时能够独立思考、勇于创新。新思维要求学习者打破常规思维的束缚，敢于尝试新方法、新思路。在心新教育的引导下，学习者可以学会从不同角度审视问题，发现问题的本质和规律，从而提出更加科学合理的解决方案。

新态度：积极向上的生活哲学。塑造学习者积极、乐观、向上的生活态度，鼓励他们在面对困难和挑战时保持平和的心态和坚定的信念。新态度要求学习者具备自我调适能力，能够在压力面前保持冷静和理智;同时,也要具备积极向上的精神风貌,不断追求更高的目标和更好的自己。

新行为:良好习惯与社交能力的塑造。引导学习者形成良好的行为习惯和社交能力,帮助他们在社会中更好地立足和发展。新行为要求学习者具备自律性、责任感和合作精神等优秀品质;同时,也要学会与人交往、沟通和合作,建立起良好的人际关系网络。在心新教育的引导下,学习者可以逐渐养成良好的行为习惯和社交能力,为未来的成功奠定坚实的基础。

新高度:个人成长的飞跃。学习者在知识、技能、思维、态度和行为等方面都达到一个新的高度,实现个人全面发展的飞跃。新高度不仅是对个人能力的肯定,更是对个人成长历程的总结和回顾。在心新教育的陪伴下,学习者可以不断挑战自我、超越自我,最终达到个人成长的巅峰状态。

"六境界"既涵盖了知识技能的获取,也包括了思维方式的转变、态度的调整、行为的改变以及个人成长的新高度,体现了学习者在成长过程中的不同阶段和层次。

在心新教育的理念下,"六新"与"五心"相辅相成。一方面,"六新"的培养需要"五心"的支撑和引导;另一方面,"五心"的强化也需要通过"六新"的实践来体现和检验。二者循环往复,形成了一个闭环的教育生态系统。

我期待,每一位学子都能成为社会的栋梁,以信仰心照亮前行之路,以同理心温暖人心,以担当心肩负重任,以探索心开拓创新,以中国心坚守文化根脉,持续学习新知,锤炼实践技能,激发创新思维,秉持积极态度,塑造良好行为,最终达到个人成长的崭新高度。

第三章

心新教育的华迈表达方式
表现

真正的教育不在于口头表达而在实际践行。

　　心新教育生于白山黑水之地，行于琼台苟中之州。五载春秋，华迈中学引领了一场气势磅礴的教育实验，全校师生共赴山海之旅，将"心"与"新"融入日常细微之处，让教育的温度触及每个角落。在心灵与心灵碰撞间，在生命对生命影响中，经历了从初创时代到英雄时代的打磨，实现了起步落后到快速赶超的转变，每一次实践都是对心新教育理念的深刻诠释，每一次成功都见证了从理论到实践的飞跃。

第一节
心新教育的华迈理念体系

核心文化理念是一所学校的文化导向、品格神韵的写照，蕴含着对办学目标的精到诠释，以及对育人内涵的本质解读，是拉动该校发展壮大的主流价值观。

心新教育是我多年教育实践中总结出的智慧结晶，它被应用到华迈的办学中，形成独特的华迈理念体系，引领着学校向上发展。而从心新教育核心文化出发，衍生出"明心知往 日新精进"的校风、"以心润心 以新育新"的教风、"知行合一 相与为一"的学风、"卓然独立 越而胜己"的学校精神等一系列文化，如同繁茂的根系，滋养着学校的每一寸土地，并在潜移默化中影响着每一位师生的成长轨迹与价值取向。

01 从心至新的理想与信仰

以心新教育为核心的理想与信仰，根植于对教育本质的深刻理解与追求。"从心启程，全新绽放；以心润心，以新育新；发现自我，赢得未来"，心新教育视"心"为起点与归宿，强调从内在心灵出发，蕴育个体的内生力；而"新"则作为路径与方法，推动个体不断革新，实现自我超越。它融合阳明心学与东坡新说的精髓，旨在引导学生唤醒心灵、认识自我，勇于除旧布新，最终实现个性化发展与社会化成长。通过这一教育理念，华迈中学致力于引领学生"澄心迈新"，在心灵觉醒与自主发展中成就卓越人生。

基于心新教育这一核心文化理念，学校将办学宗旨明确为：培养中华民族伟大复兴的生力军，培养海南自贸港建设的领军人。牢记"为党育人、为国育才"的初心使命，不仅为学生的卓越人生铺路，更为他们的幸福人生奠基。华迈追求的是让学生在教育中获得成长，让教师在教育中实现价值，让家长在教育中感到满意，让学校在教育中承担使命，让社会在教育中看到希望，让国家在教育中收获人才。

为实现这一宗旨，华迈设定了明确的办学定位：办中国知名、海南一流的实验性示范性高品质中学。我深知，高品质中学的创办一定离不开教育理念的持续创新、教育质量的不断提升以及教育生态的持续优化，因此，华迈将秉持创新教育理念，勇于探索教育改革的新路，努力成为区域教育发展的示范标杆。

而在育人目标上，华迈注重培养学生的高尚情操、丰厚学养和健美身心，以塑造健全人格；强调培养学生的个人责任、家国情怀和国际视野，以使他们能够肩负时代使命。更重要的是，华迈致力于培养学生的自我觉知、自主发展和迈向卓越的创造力，以引领未来的创新。这三者相辅相成，共同塑造出具有高尚品德、深厚学识与全球视野的创新型人才。

将以上的教育使命归纳总结，便明确了学校的发展愿景：构筑一个中国式、现代化、国际型的人文园、数智园、生态园。这一愿景融合了中国式底蕴与国际型视野，旨在塑造一个科技与智能协同、人文与生态并重的学府。华迈力图成为具有国际竞争力的高素质人才与未来领袖的摇篮，彰显中国智慧，拥抱世界未来。通过这一愿景的实现，我们将为中华民族的伟大复兴和海南自贸港的建设贡献更多的力量。

02 心新为本的思想与指导

在心新教育的指引下，华迈深入探索并践行着一套全面而深刻的教育理念体系。治校方略"正心奉道，其命维新"正是这一路径的精髓所在。它源自儒家修身齐家的智慧，强调以纯正之心为基石，遵循教育之道，传承文化精髓，同时不断创新，肩负使命，与学校的心新教育理念相得益彰。在这一方略的指引下，华迈致力于"做有故事的教育，办有温度的学校，当有智慧的老师，育有情怀的学生"，用华迈的速度与激情，共同铸就华迈的品质与奇迹。

校训"华耀未来，迈向卓越"则是对这一实践路径的生动诠释。它不仅象征着光华璀璨，更寓含了华迈学子、学校乃至华东师范大学和中华文化的精髓。在校训的鼓舞下，每一位华迈人携光华以照未来，迈阔步以赴卓越，共同书写辉煌篇章。

华迈学子研学旅行到华东师范大学

校风"明心知往，日新精进"进一步细化了师生们的实践路径。它强调师生应洞察内心，明确方向，汲取历史养分以指引前行，同时每日革新，持续精进。这种内省自知、尊重传统、勇于创新的精神，正是华迈人不断超越、共筑辉煌未来的动力源泉。

在教风上，华迈秉承"以心润心，以新育新"的理念：教师不仅是知识的传递者，更是心灵的启迪者和智慧的启发者。他们用教育情意传道，让心灵相互唤醒，人格与气质在潜移默化中得以塑造；同时运用教育智慧启智，让智慧相互点燃，思想在碰撞中激发，共同促进师生的全面发展与成长。

学风"知行合一，相与为一"则是对实践路径的又一重要补充。它强调知识与行动的统一，倡导学以致用，知行并进；同时强调团队协作，师生同心，共创和谐。在学风的感染下，华迈学子将所学付诸实践，于行动中求知，于协作中成长。

03 立于本土的精神与特色

以心新教育为引领，华迈构建了一套独特而深刻的教育体系，旨在培养学生的独立人格与卓越能力。学校精神"卓然独立，越而胜己"要求学生志向远大，不局限于狭隘的视野；人格独立，不依附于他人；思维独特，不盲目趋同；言行务实，不虚浮夸大。同时，鼓励学生不断自我超越，日益清晰地认识自我，养成反思的习惯，学会做出正确的人生选择，并能自觉推动自身的发展。这种精神激励着华迈人追求独立人格，勇于挑战自我，成就非凡人生。

学校精神之外，华迈融合"上海底色、海南品格、华迈特质"三大元素，形成独树一帜的教育特色：

上海底色：开明睿智、大气谦和、卓越创造

华迈肇始于华东师范大学和澄迈县政府联合办学，其教育血脉里自然而然流淌着华东师范大学的深厚底蕴，这底蕴，是上海精神的生动写照，也是华东师范大学赋予华迈的上海底色。"开明睿智"倡导开放思维与明智决策，鼓励学生积极探索，勇于接纳新知，培养理性与智慧并重的学子；"大气谦和"秉承包容大气的胸怀与谦逊和蔼的态度，教育学生学会尊重差异，和谐共处，展现高尚人格魅力；"卓越创造"追求教育卓越，激发学生无限创造力，鼓励在各领域追求卓越成就，为社会贡献创新力量。

海南品格：大海胸襟、椰树风骨、凤凰雅韵

作为一所海南本土学校，华迈以大海、椰树以及凤凰花为具象表达，深刻融入海南独有的地域特质，形成像大海一样包容，像椰树一样坚韧，像凤凰花一样优雅的海南品格。"大海胸襟"借鉴大海的广阔无垠，培养学生的开阔视野与包容心态，让他们学会像大海一样接纳万物，拥有宽广的胸怀；"椰树风骨"汲取椰树坚韧不拔、屹立不倒的精神，塑造学生面对困难不屈不挠、勇往直前的品格，以及正直高洁的道德风范；灵感源自凤凰花的"凤凰雅韵"，以凤凰花的绚烂多姿与高雅气质为象征，培养学生追求美好、崇尚文化的情怀，使他们成为内外兼修、优雅从容的时代新人。

华迈特质：阳明心学、东坡新说、心新哲思

而华迈特质，则深深根植于"阳明心学、东坡新说、心新哲思"之中。"阳明心学"核心要义为"心即理，知行合一，致良知，事上磨砺"，秉承王阳明心学精髓，强调知行合一，致良知，培养学生内心的觉知与道德实践能力，追求内在与外在的和谐统一；"东坡新说"核心要义为"兼收并蓄，勇于创新"，融合苏东坡的学问精神，倡导广博学习与创新思维，鼓励学生在继承传统的基础上勇于探索新知，展现个人才情与创造力；"心新哲思"核心要义为"以心为本，创新致用"。倡导一种面向未来的哲学思考，鼓励学生以开放的心态接纳新事物，不断创新，追求个人与社会的持续进步。这三大哲学思想共同构成了华迈独特的教育理念和校园文化。

以心新教育为中心，华迈中学的文化体系仍在不断更新发展。在追求心与新共进发展的道路上，华迈中学仍在不断探索适应新时代新要求下的教学模式，让华迈星光在中国教育的夜空中熠熠发亮……

心新教育：教泽常新

教育理念
心新教育

教育特色
上海底色
海南品格
华迈特质

办学宗旨
为中华民族伟大复兴培养生力军
为海南自贸港建设培养领军人

学校精神
卓然独立
越而胜己

学校定位
中国知名、海南一流的实验性示范性高品质学校

校训
华耀未来
迈向卓越

校风
明心知往
日新精进

教风
以心润心
以新育新

学风
知行合一
相与为一

发展愿景
中国式、现代化、国际型的人文园、数智园、生态园

治校方略
正心奉道
其命维新

育人目标
培养"从心启程 全新绽放"的求知者、创造者、担当者

华东师范大学澄迈实验中学学校理念体系

050

第二节
心新教育的华迈精神基因

过去从哪里开始，未来就向哪里出发。在心新教育理念的指引下，我们在总结出"卓然独立，越而胜己"的学校精神后，又将其深化细分，将立校五年来的万千点滴凝练成五大精神，照亮华迈未来之实践。

教育家精神
信仰与担当

建校精神
速度与激情

融创精神
创造与融合

抗疫精神
持恒与勇毅

抗灾精神
自觉与自信

学校精神
卓然独立
越而胜己

华东师范大学澄迈实验中学学校精神基因

01 建校精神：华迈速度与激情

2019年，我受华东师范大学所托，怀澄迈县政府所期，从辽宁本溪到海南澄迈，从祖国的辽阔北疆直达遥远的南端，跨越3358公里，历经四条温度带，将心新教育的种子播撒于此。走在红土地上，坐在塑料凳上，睡在硬板床上，在夜以继日的奋斗中，华迈用两个26天的速度与激情，创造了属于我们的品质与奇迹。

第一个"26天"是精神上的进阶。2019年9月1日开学已至，校园建设仍处于紧张忙碌的施工状态中。物质层面的匮乏无法当即解决，于是我决定以习惯养成为抓手，从精神层面上取得突破：晨跑强化体魄与团队精神，晨读激发思维与阅读乐趣，午间练字传承文化精髓，晚自习则促进自主学习，这些举措构建了充满活力的教育生态。到9月26日开学典礼，我们克服场地局限，以操场为舞台，在阳光见证下，将这近一个月的成果悉数展现。激情跑操展毅力，校园集体舞显活力，集体书法承文化，集体诵读启智慧，孩子们饱满的热情、整齐的动作、优美的舞姿、端正的书法和深情的诵读，赢得了在场家长们的阵阵掌声与喝彩。

第二个"26天"是物质上的提升。面对11月29日校园竣工的遥遥无期与12月25日"华东师范大学基础教育校长论坛"的紧迫召开。同样只有26天，对施工单位是一种挑战，对我自己也是一种挑战。首要任务是打造两个"心新空间"。为了确保施工过程的顺利进行，我邀请了两家施工团队联合赶工，在保证质量的前提下，尽可能地缩短施工周期。同时，我着手"新空间"与"心空间"的软件建设，深化办学理念，提炼核心关键词，形成了具有华迈特色的"心新"教育文化体系。论坛前夕，师生自发参与收尾工作，他们认真地摆放书架上的图书，调整桌椅坐垫的位置，每一个细节都体现了对华迈学校的热爱和责任感。这些工作虽然看似琐碎，却生动诠释了华迈"心新空间"建设的加速度与深内涵。

华迈将建校精神贯穿在每一次跨越与突破中。一夜落成"华"字雕塑；两天建设完成3个"创空间"；5天建设完成两个"乐空间"和两个"研空间"；7天完成学校章程和学校发展行动计划的制定……华迈人以惊人的速度和无限的激情，创造了一个又一个奇迹。

02 融创精神：华迈创造和融合

中国教育事业发展一脉相承，继往开来。取其精华，革故鼎新是"心新教育"的核心。梳理古今教育脉络，汇聚百家之长，内化为华迈中学独特的文化基因，凝练出心新文化谱系。

融百家智慧，兼收并蓄。华迈中学追求实事求是，知行合一，汲取中国大家思想和西方教育哲思，秉持融创精神，不断探索教育改革的新路径。以开放包容的姿态，将现代教育理念与本土实际紧密结合，创造出具有华迈特色的教育模式。

"心新教育"就是在华迈的融创精神感召下的"首创"。华迈不忘初心、与时俱新，强调每一次周班会、每一次开学典礼、每一次毕业典礼、每一次14岁成长仪式、每一次18岁成人仪式、每一次科创节、每一次艺术节等等经常性或者阶段性开展的重大活动，在保持原有精华的同时一定要增加新内容或新形式，以培养师生的创新思维与能力。

在融创精神的指引下，华迈中学管理团队勇立潮头，以创新为引领，以大视野构建大格局。华迈各项活动极具时代性、仪式感、人文风、学术气、民族魂和国际范。我希望通过我们的匠心独运，将心新教育从"心灵认知"推向"创新发展"的新高度，开启校园家园共同体建设的新征程。

五载春秋，华迈中学在融创精神的引领下，内化于心、外化于行，实现了跨越式发展，推动教学质量不断迈上新台阶。

03 抗疫精神：华迈持恒与勇毅

临危不乱勇毅前行，持之以恒直至全胜。2019年，新冠疫情如风暴般席卷全球，给处于初创阶段的华迈带来了前所未有的挑战和磨难。

疫情之初，华迈中学迅速行动，积极响应，周密部署，成立疫情防控领导小组，全力投入疫情防控工作，确保每一项防疫措施落到实处。从校园封闭管理到师生健康监测，从日常消毒消杀到应急预案演练，从线上教学筹备到心理疏导服务，一系列科学、严谨的防控措施展现了高度的责任感和使命感。学校用实际行动诠释了"生命至上"的深刻内涵。

在全力抗疫过程中，华迈及时调整教学计划，采用线上教学方式，确保"停课不停学，离校不离教"，实现疫情防控和教育质量双赢的成果。教师们化身"网络主播"，精心备课，创新教学方法，在线上为学生呈现了一节节生动有趣的精品课；学生们也克服困难，积极参与线上教学活动和学校组织的线上各种才艺活动，展现了华迈学子的全面发展。

漫漫三年抗疫路，也是华迈"基础设施"的建设路。面对疫情肆虐，华迈人没有停止学校"三园（人文园、智慧园、生态园）建设"的脚步。这三年华迈硬件条件从"几乎一无所有"到海南一流，这既是同严重疫情的殊死较量，也是同一穷二白的旧我的较量，持恒勇毅的精神，敢于斗争、敢于胜利的大无畏气概，铸就了生命至上、举国同心、舍生忘死、尊重科学、命运与共的伟大抗疫精神。

04 抗灾精神：华迈自觉与自强

海南的台风，是灾难也是考验。在台风"摩羯"的肆虐下，我们毫不退缩，以高度的自觉与自强精神，直面冲击的同时也洗礼了我们的精神风貌。

面对此次台风的威胁，即使我没有在场的情况下，全校师生也能够清醒地认识到防灾的重要性，迅速响应，全面部署，在全校范围内积极展开自救。他们以身作则，坚守岗位，通过微信等渠道，及时传达预警信息，提醒师生做好防范准备。王屹副书记带领总务人提前做好防范准备，将易受破坏的贵重音响收起，将贵重树木做好支架，排查门窗等各种校内安全隐患。

台风来临的时候，学校教师公寓里灌进了大量的水。不及时疏通管道，水会将宿舍淹没。我们的老师们快速行动参与到寻找疏通管道的行动中，没有号令，只有自觉。手被磨破了，不知道。胳臂碰青了，不知道。肆虐的台风将宿舍楼楼顶的水泵房门掀开，若不及时关好就极易伤人，更严重者会造成水泵受创断水断电。王屹书记和飞鹏老师、福刚老师冒着生命危险，顶着强台风，摸索到水泵房，及时将房门修好。这种冒着生命危险的自觉自救体现了华迈老师怎样的大爱啊！这种自觉，无疑是对华迈这个大家庭深厚情感的体现。

在台风过后，面对满目疮痍的校园，全校师生积极自主放弃假期，投入灾后重建工作中。清理落叶、淤泥和杂物，扶正倒伏的树木，修复受损设施，以最快速度完成了自救，成为全县第一个恢复正常教学工作的学校。这种奋勇的抗灾行为和自觉的家园意识，充分展现了我们不屈不挠、自强不息的精神风貌。

从校长引领到自觉自救，自觉与自强的交织在抗灾精神中得到了充分的体现和升华。在灾难面前，只要我们保持清醒的头脑、奋勇的行动、自觉的意识和自强的精神，就没有什么能够阻挡我们前进的步伐。

05 教育家精神：华迈信仰与担当

教育家精神，其核心在于对教育事业的无限热爱、对学生成长的深切关怀以及对教育创新的不懈追求。

一切伟大源于热爱。华迈老师来自五湖四海，他们怀揣着对知识的尊崇与传承的责任感，以满腔热忱投身于教育事业，默默耕耘在三尺讲台。不为名利所动，只为那一张张稚嫩的脸庞能在知识的海洋中畅游，茁壮成长。

每个学生都是独一无二的个体，需要用心倾听他们的心声，用爱呵护他们的成长，方能让生命精彩绽放。学校构建五育融合的课程体系，根据学生的不同特点进行差异化教学；通过实施"三转三清、三环三案"等精细化管理，不断提高教学质量，淬炼教学品质。

勤勉躬耕的态度对待每一堂课、每一次教研活动，对教育创新的不懈追求，是华迈老师教育家精神的体现。不断探索新时代教育模式，加强顶层设计，强化创新管理。敢于挑战传统教育模式，力求在变革中寻求突破，为教育事业注入新的活力和动力。这种精神不仅为华迈教师提供了明确的职业导向和发展目标，更为华迈学生的全面发展和健康成长提供了坚实的保障和支持。

第三节
心新教育的华迈物质文化

精神文化需要落实在物质层面展示出来，才能真正为学生发展带来作用。我们总结出一个思想、五大精神，若仅停留在口号或理论层面，便难以深入人心。只有将其表现在校园的具体物质文化中，才是为无形的"神"赋予具象的"形"，从而让学生们在日常的学习生活中时刻受到华迈精神的熏陶，使之内化为自身的品质与行为准则。

基于如此考量，我们设计了独具特色的华迈物质文化形象，将心新教育成功融入华迈的每一个角落。

校徽奠定华迈精神的整体基调。校徽标志整体以"华""迈"二字变形而成，既清晰地展现校名，又直观表明学校的地理位置"澄迈"。同时，我们将"迈"字设计为"华"字的一部分，代表学校无所畏惧、迈步向前的决心。标志采用红、蓝色系，红色是华东师大色系，表明华东师大基因；蓝色体现学校临海而建之独特地域条件，寓意学子面对人生有着沉着稳重的处事态度和浩瀚广阔的胸襟。

华迈中学校徽

环绕圆形校徽上方的蓝色文字"华东师范大学澄迈实验中学"清晰标注了学校全称；下方"华耀未来，迈向卓越"的校训体现着我们追求卓越、不断进取的精神；红色的"2019"字样代表学校成立的年份，标志着我们的历史起点。

在校徽的见证下，我们不忘初心，奠基学生全面发展，铸就华迈辉煌篇章。

校标浓缩华迈精神的深刻表达。将"华"字雕塑、"妙笔生花"雕塑、"飞天秀"雕塑、阳明澄雕塑、青云桥等建筑设计成彩色平面图标，是我们对校园文化进行创意性传播的一项重要举措。

首先，雕塑与建筑作为校园的物理标志，承载着华迈的独特理念。将它们转化为色彩丰富、形象生动的平面图标，不仅能让校园文化以更加直观、有趣的方式呈现给师生，还能激发大家对校园文化的探索兴趣和认同感。

彩色平面图标可以作为校园导览图的核心元素，也可以作为校园文化宣传册的精美插图，还可以巧妙融入校园文创产品中，让师生在日常使用中感受校园文化温暖的同时，也能向外界展示华迈风貌与深厚的底蕴。

通过彩色平面图标的设计与应用，不仅能让华迈精神更加生动多彩，还能进一步激发师生对学校的热爱。这些图标将成为华迈中学独特的精神符号，陪伴着每一位师生共同成长。

吉祥物"冲鸭"树立积极奋进的整体氛围

"冲鸭"是"冲呀"一词的谐音，来自网络上的加油打气语，充满朝气斗志盎然。中国自隋朝后分科取士，寒门子弟可通过自身努力，步入仕途。殿试后，以成绩高低分为"三甲"，一甲前三名分别是状元、榜眼、探花。"甲"与"鸭"谐音，鸭子的"鸭"便寓意科举之甲。民间艺术中，常描绘鸭子游弋水上，旁边配上螃蟹、芦苇，寓意中举。民俗中，给出门远行的人赠送鸭子或螃蟹，祝福其前程远大。

华迈"冲鸭"不单寓意冲击前三甲，更是在鼓励学生成为最好的自己。小鸭子额头上五瓣红色凤凰花，寓意每个学生德智体美劳全面发展；白色的羽毛则寓意着白天鹅的身份，象征华迈的孩子们终有一天会变成勇敢的白天鹅飞向蓝天。

华迈中学吉祥物"华迈冲鸭"

校树、校花体现华迈精神的草木表达。华迈的校树是两棵命名为"心新向荣"树的富贵榕，校花则是于夏季盛开的凤凰花。选择它们作为华迈精神的象征，不仅是对自然之美的颂扬，更是对学子们成长与梦想的深刻寄寓。

首先，让我们谈谈校树"心新向荣"树。榕树在华迈校园中屹立不倒，它的根深扎于大地，枝叶繁茂，象征着华迈学子们扎实的学习基础和广博的知识积累。更重要的是，"心新向荣"寓意着华迈的心新教育理念如同这两棵榕树一般，不断向上生长，心怀希望，无论遇到多大的风雨，都能坚韧不拔，茁壮成长。

至于校花凤凰花，它以其鲜艳夺目、热烈奔放的特点，成为华迈亮丽的风景线。凤凰花象征着重生与辉煌，正如华迈学子在求知的道路上，不断追求卓越，勇于面对挑战，最终实现自我超越，绽放出属于自己的光彩。它激励着每一位华迈人，要像凤凰涅槃一样，经历磨砺后更加灿烂夺目，成就非凡人生。

在这片充满希望的土地上，华迈愿每一位学子都能如榕树般根深叶茂，如凤凰花般绚烂绽放，成为社会的栋梁之材。

华迈中学校树"心新向荣"树（富贵榕）

校服外扬华迈学生精神风貌。澄迈县地处热带北缘，属热带季风性气候，为学生们设计厚薄适宜又能突显青春气息的校服是华迈的重要任务。我们设计了包含短袖针织T恤衫、轻薄毛圈短裤/裙裤、针织外套和运动长裤的常服，以及包含短袖衬衫、纱卡短裤/裙裤、长袖衬衫、西服和长西裤/短裙的制服。

关于颜色的选择，我们提取校徽中浅蓝为校服主色，在视觉上显得清新明快，适合海南全年气温偏高的气候下穿着；同时，我们结合藏青色来彰显华迈学子深度自主的学养和孝诚勇毅的心性；玉白，则代表纯洁端正、包容性强的君子之风。

* 夏季运动 *　　　　　　　* 春秋运动 *

华迈中学学生运动服

校节设计落实五育融合理念。心新教育以德润心，以智强心，以美养心，以体健心，以劳创新。我们坚持五育并举，注重五育融合，每年举办精彩的劳创节、读书节、科技节、体育节、艺术节的五节活动，培养一批又一批科技、文化、体艺、劳创新人。

第三章　表现：心新教育的华迈表达方式

华迈学子劳动课"采摘桥头地瓜"

"开学第一课"作为华迈五育并举的品牌活动,是我校"五育融合"活动课程的一个缩影。作为崛起和发展的"五育"名片,校节推动着我们"德育立心铸魂、智育研学寻真、体育强身健毅、美育怡情知趣、劳育实践躬行"的育人模式。

精神外显,我们华迈正以独有的风采立于教育改革的潮头。

第四节
心新教育的华迈十大行动

"为学之实，固在践履。"习近平总书记多次在全国性的教育会议中提出，要确保教育的实际效果，让教育真正惠及每一个孩子。要把教育思想落到实处，就意味不能仅仅停留于理论层面，更要通过具体的教学实践，将教育理念转化为学生的实际能力和素养。遵循总书记的嘱托，华迈以"十大行动"践行心新教育于实处。

心新文化匠造行动。华迈集智凝练构建学校文化体系，同时兼顾传承华师文化、吸收上海精神、融合澄迈历史、凸显海南底色、凝练华迈特质，五位一体深度开展学校文化顶层设计，形成了心新教育文化体系，实现了文化凝聚人心、目标引领方向、思想指导行动、制度规范行为。

心新场域激活行动。优化与重塑基础教育环境，激发学生对学习的热情与兴趣，通过将心新教育理念与实际应用场景相结合，促进学生全面发展与个性成长。在东坡广场，我们静听千年古韵与现代艺术交织的文化颂诗，东坡迈雕塑揭幕、合诵《澄迈驿通潮阁二首》《六月二十日夜渡海》、少先队员为东坡迈雕塑系红领巾……心与新的交织塑造着华迈学生的完整人格。

心新课程建设行动。从"心"和"新"两个维度构建校本课程体系，启迪学生科技创新潜能，培养学生对科学技术的兴趣与追求，通过将前沿科技与教育实践相融合，推动学生创造性成长。阳光体育、名著通识、艺术通识、社会通识……培养面面俱到的华迈学生；生命科学、信息技术、海洋科学……构建科技强国的基础教育蓝图。

心新课堂改革行动。实现了对传统教学模式的深刻革新，规避"填鸭式"教学的弊端，将知识发生线、思维发展线、认知建构线合三为一，最终指向人格形成线，革新传统教学模式，激发学生对学习的兴趣与主动性。凝练出"三化四要五步"的教学核心流程，精细地指导了教学活动的各个环节。

心新五节五育行动。深度融合德、智、体、美、劳五大教育素养，以读书节、劳创节、科创节、艺术节、体育节的丰富活动和仪式感滋养校园生活，将德育的品格塑造、智育的知识积累、体育的身心健康、美育的审美情操以及劳育的实践技能寓教于乐，潜移默化中推动学生综合素质的全面且均衡发展。

心新开学仪式行动。作为新学期启航的标志性事件，开学第一课成为启迪与播撒新学期知识的种子，唤起学生对学习生活的热情与向往。这一行动不仅是一次简单的开学仪式，更是一次深刻的教育启蒙，通过将开学的第一课与新时代教育理念相融合，推动学生全面性、前瞻性的成长启航。

心新成长成人行动。深度挖掘与强化青少年成长过程中的重要教育节点，培养学生对自我成长历程的深刻理解与高度尊重。通过精心设计的仪式活动，将传统成人礼的庄重与现代成长教育理念的创新紧密结合，不仅注重外在形式的仪式感，更强调内在精神的培育与升华。高三的华尔兹交谊舞、初三的汉服秀、举《中华人民共和国宪法》宣誓……在充满意趣的活动中，激发学生对未来生活的积极憧憬，促进其身心健康、道德情操、知识技能与社会责任感的全面成熟。

心新家校共育行动。进一步加强学校与家庭之间的联系，共同探讨教育孩子的科学方法，形成家庭教育与学校教育的合力。通过定期组织家长会、家庭教育讲座、家校联动活动等多种形式，华迈与学生家长得以共同探讨和实践教育孩子的科学方法，分享成功案例，交流教育心得。在共育模式下，孩子们的品德修养、社交能力、创新思维等多方面素质都将得到全面发展。

心新教师筑梦行动。华迈以"筑梦人"为目标,不断加强教师思想政治和师德工作,健全教师专业发展机制,提高教师队伍素质,完善校内教师激励体系,充分激发教师教书育人的积极性和创造性,华迈教师积极主动发展,育人能力日新精进。

心新育心拓展行动。分为心理健康教育和素质拓展训练,以多维度、多层次的活动与课程,帮助学生建立正确的自我认知,学会识别、表达和调节自己的情绪,全面促进学生的身心健康与综合素质发展。华迈专门开设心理团辅课程和素质拓展课程,每月至少各一次。

"道不虚谈,学贵实效。"十大行动,是华迈将心新教育理念的精神理论付诸实践的具体做法,也是让华迈"有血有肉"、充满生机的关键举措。依托心新教育的教育理念开展办学工作,华迈中学在办学五年时间来,学生学业成绩在澄迈县内遥遥领先,在海南省内节节攀升,在各类竞赛中屡获佳绩,赢得了家长的信赖和社会的广泛赞誉,也侧面证明了心新教育这羽翼渐丰的教育理念,将会成为中国教育发展道路上一个具有里程碑意义的顶层设计。

新生军训闭幕仪式

02

第二篇

华迈实践：
学以澄心，教泽常新

第四章

解答育人目标的教育根本——学生成长

"心新教育",以"育人"为本,其道皆围绕"学生"而展开。

学校教育的核心何以是学生?这是因为学生不仅是教育活动的主体,也是知识的接受者和未来社会的创造者。教育之目标,不仅是传授知识,更着重于塑造人格,培养能力,启迪智慧。中学生正处于人生关键之期,身心未全,亟需正确引导与培育。

在"心新教育"理念的指引下,华迈学生德、智、体、美、劳全面发展,恰似含苞待放的花蕾,绽放出勃勃生机,香远益清。

第一节
为学生成长"精准画像"

古希腊哲学家柏拉图有言："教育即为灵魂转向。"人的行为和性格是由内在的因素即人的精神、思想、意志、品德等所决定，不是由外部因素所控制的。每个具体的人都是教育中最重要的实践者，每个学生都是这场灵魂转向之旅中最为生动的探索者。学生是学校存在的核心价值与意义所在，深知、探究每个学生的内在和本真至关重要。

"Free Hug·自由拥抱"活动

01 明确育人使命

"学生"一词在古早时期，并非我们现在所习惯的一种身份代称，而是作为动宾关系，表达学习养生之道。如《庄子·达生》中所述，"田开之见周威公。威公曰：'吾闻祝肾学生，吾子与祝肾游，亦何闻焉'"，此处的"学生"指的是祝肾研学养生之道的过程，反映了古人对生命、健康和长寿的追求与重视。

而将"学生"一词作为一种身份代称，代指在特定的场域接受教育的群体，则要追溯到大汉时期。《后汉书·灵帝纪》中记载："始置鸿都门学生。"这是说汉代洛阳鸿都门专设学校，招收一定资格者（有一技之长，如尺牍辞赋及工书鸟篆等）进入鸿都门学习。根据当时的历史背景，此处的"学生"特指"鸿都门生"，专门代表能进入"鸿都门"学习的人。唐人韩愈在《请复国子监生徒状》中述："国子馆学生三百人。"此处的"学生"也专指在国子馆学习的人。可见，在我国古代，"学生"这个身份紧密依附于教育机构，作为学校体系衍生出的一个重要理念而存在。

将"学生"这个身份具体指向"向别人学习某种知识或经验、技能等的人"，则经历了从古代到近代的文化变迁。毛泽东在《论人民民主专政》中提及："帝国主义的侵略打破了中国人学西方的迷梦。很奇怪，为什么先生老是侵略学生呢？"将"学生"身份的概念又一次更新，此后，"学生"一词便脱离了场所的限制，便成了"正在接受教育的人群"的统称。

时至今日，"学生"的身份不再局限于特定的学习场所或师生关系，而是扩展到了更广泛的社会领域。他们的学习不再仅仅是为了应对考试或获得某种资格，而是为了提升自我、实现个人价值。这一转变，不仅体现了社会对个体全面发展的重视，也对教育体系提出了新的要求。

中国共产党第二十次全国代表大会上，习近平总书记对加快实现教育现代化、建设教育强国、办好人民满意的教育作出了全面系统的部署，并再次重申了教育的根本问题，即"为谁培养人，培养什么人，怎样培养人"，这发人深省的"教育三问"，是今后基础教育的具体方向，

---

1 邱德峰，李子建. 学习者身份：迈向终身学习的学生身份新图像[J]. 全球教育展望，2020，49(05)：43-52.

其中前两问直接关系到心新教育对学生的"精准画像"。

为谁培养人？为党育人、为国育才是心新教育始终坚守的教育使命。

为党育人，是落实立德树人根本任务的必然要求。在教育工作中奉行"为党育人"方针，还有助于构建更高水平的人才培养体系，通过培养青少年学生的志气和骨气，才能让他们成为德智体美劳全面发展的社会主义建设者和接班人，为实现中华民族伟大复兴提供坚实的人才保障。

为国育才，是立足于我国所处的世界大格局所进行的考量。我国积极考虑打破国与国之间的界限，拓宽国际视野，努力与友邦达成密切沟通协作关系。想要达到这些成果，还得从基础教育开始有计划地实施强基计划，培养高素质的全面性人才，让中国在高精尖的科技领域中，占有自己的一席之地。如果落脚于海南本土的实际情况，那就是为海南自由贸易港的建设与发展培育本土优秀人才。

培养什么人？"从心启程，全新绽放"的未来建设者是心新教育给出的答案。

有高尚情操和扎实学养，身心健美的"求知者"。在课堂上，"求知者"一定是举止得体的，他们遵守纪律，尊重师长，团结同学，积极参与学校活动，乐于为集体奉献；在思想上，拥有独立思考的能力，敢于提出自己的见解，热爱学习，追求真理，对新知识充满好奇和渴望。无论课内课外，"求知者"都能以身作则，展现出良好的道德修养和行为习惯。

有自我觉知，能自主发展、迈向卓越的"创造者"。关于学业，"创造者"始终保持对知识的渴望与探索，不满足于课本的知识，所以善于利用各种资源拓宽视野，深化理解。他们会主动设定目标、合理规划学习时间，调整学习方法以高效学习，并积极面对生活，善于总结经验、自我完善。

有个人责任、家国情怀和国际视野的"担当者"。"担当者"不仅怀揣着对民族的自豪与热爱，还胸怀开放包容的心态，在尊重的基础上理解多元文化之间的差异，用实际行动为国家的繁荣与进步贡献着自己的力量。

"求知者""创造者""担当者"，三者共同构成了华迈最终想培养的"追梦人"。"追梦人"是心新教育为学生成长描绘的精准画像，他们是会创造、善求知、有担当的未来栋梁，是既勇于仰望星空，也能脚踏实地的优秀人才。

02 创设华迈印记

随着对教育的深度认识，课程改革的深入探索，我们越来越清晰地认识到，世界教育的改革是以核心素养为牵动，未来基础教育的顶层理念就是强化学生的核心素养。提出核心素养，就是把"人"作为教育的核心来考虑。核心素养是学生在接受相应学段的教育过程中，在知识经济、信息化时代面对复杂的、不确定性的现实生活情境时，逐步形成的适应个人终身发展和社会发展需要的必备品格和关键能力。核心素养是所有学生应具有的最关键、最必要的基础素养；是知识、能力和态度等的综合表现；是一个具有发展连续性、阶段性和整合性的体系；同时兼具个人价值和社会价值。

"追梦人"是心新教育关于育人使命的教育表达。以心新教育理念为办学思想的华迈中学需要更具体的育人方向，也就是"华迈印记"。

"华迈印记"缘何而来？究其根本，应是华迈独树一帜的"教育特色"与深植于华迈学子的"海南底色"共同作用的结果。

为"华迈印记"奠定教育基调的，是华迈的"教育特色"。它由上海底色、海南品格和华迈特质共同组成。"教育特色"汲取了国际化大都市的开放胸襟与创新灵魂，致力于培育学生拥有宽广的国际视野与卓越的创新能力；同时，又烙印着海南独有的坚韧不拔、优雅从容的品格；更重要的是，这一切都根植在以"阳明心学、东坡新说、心新哲思"为引领的华迈底色之中。三者相辅相成，共同绘制出华迈独一无二的教育画卷。

为"华迈印记"添补地域韵味的，是"海南底色"。身为一位北方出身的校长，我能明显感觉到，海南的学生在诸多方面都流露着一种独特气质，一种来自海风的镌刻。2017年，时任海南省省长沈晓明同志到海南工作后，反复强调："海南培养出来的学生要有自己的特点，要致力打造'健康阳光、好学上进、勤劳诚信、文明朴实'的海南印记。"沈省长口中的海南印记，是海南学生精神风貌的集中体现，更是华迈学生的"海南底色"所在。

而细究"华迈印记"，可以总结为六大核心素养：

深度、自主的学养

孝诚、勇毅的心性

包容、担当的情怀

合作、创新的意识

谦谦如玉、铮铮若铁的品格

卓然独立、越而胜己的精神

我们想要培养的，就是这六方面兼备的学生，从华迈走出去的学子，也必然是拥有这六方面核心素养的综合型人才。

华迈六大核心素养之首，是深度、自主的学养。华迈非常重视学术素养与创新能力的培养。"心新教育"思想中的"心"与"新"，就是要增强学生自我规划与管理的能力，培养学术素养和创新精神，为未来世界培养信念坚定的创新型英才。

我们参考了国内外大量的核心素养模型，结合世界各国的教育理念和做法，确立了"深度、自主的学养"，即重视批判性思维与创新精神的培养；重视学生知识迁移和应用能力的培养；注重引导学生自主选择和自我发展。高中教育的定位是培养学生的理性与思考，是从"补短"走向"扬长"。理性与思考意味着"深度"、扬长意味着"自主"。学生形成深度、自主的学养，便具备了深度学习的能力和受益终生的自我成长能力。

"是不是你们华迈的学生，我一眼就能认出来"，这是澄迈县老城区的一名公交车司机对我说的，"别的学校的孩子上了车，不是掏出手机蒙着头玩，就是几个人围一圈闹。只有你们华迈的学生，一上车就拿着本书安安静静地在那看。"当碎片化的阅读成为一种习惯，当深度、自主的学养成为一种集体的无意识，华迈学子的风范已尽显其中。

华迈六大核心素养之二，是孝诚、勇毅的心性。"孝诚、勇毅"心性的提出，源于华迈对中华传统文化价值的高度认知与概括；源于对青少年价值观教育的深度思考；华迈不仅关注人与自我的发展，强调个人品行的修炼；更关注人与他人的发展，强调人际关系的培养。"心新教育"正是立足心性的磨砺，让学生不断在修心、养心中形成高尚的道德情操，并改善着与他人、与社会、与自然相携共生的关系。

孝诚是重孝道与讲诚信的结合，勇毅是勇敢坚毅的结合。华迈注重培育学生回归做人之本，孝敬长辈，诚信做人，保有良知，高山景行，明晰"孝、悌、忠、信、礼、义、廉、耻"之道理，追求内心的纯洁与美善，提高自身的道德境界与人格修养。做真君子，滋养敬老尊贤、诚心实意的道德心灵与精神风貌。同时，让学生形成勇敢坚毅的品格，对长期目标保持持续激情及持久耐力，即便历经失败，依然能够坚持不懈地努力下去。华迈倡导这样的坚毅。

2021年高一月考，正临台风，楼外狂风大作，吹倒了招生面板和几根大树枝干。华迈的学生没有被外部环境所影响，大家直面台风挑战，专注眼前的试卷，淡然地完成了全部考试。这种坚毅与沉稳，是我希望能在他们身上看见的品质。

华迈六大核心素养之三，是包容、担当的情怀。"包容、担当"情怀的提出，源于对"国际视野"的强烈关注；源于时代的需要、未来的需要；源于办学目标的定位、办学方向的调整；源于培养学生社会责任感、加强社会参与的国家要求。华迈站在新的发展节点，已经意识到国际化教育对于学生发展的重要性和紧迫性，尤其海南面临自贸港建设，只有及早与国际接轨，才能让学生真正赢得未来。

情怀是一种大我，一种大爱，一种大格局、大视野。五大发展理念：创新、协调、绿色、开放、共享，提示我们要有展示开放、共享与协调的良好心态与格局。联合国教科文组织发布的《反思教育》中，在人类如何面对世界新的挑战问题上，明确提出教育应该以人文主义为基础，以尊重生命和人类尊严、权利平等、社会正义、文化多样性、国际团结和为可持续的未来承担共同责任。华迈要培养学生的包容品格，以开放的姿态面向世界，在兼容并包中理解多元文化，在博采众长中汲取多种学识，在交流合作中结识多个朋友。

随着出口的多元化，学生需要提前应对未知，包括对大学的了解，对国外的认知等。华迈致力于打破学校的围墙和教育的界限，以实践体验和项目研究为指向，让学生通过多方互动等形式获得广博知识、获取生活经验、解决社会问题的成长理念。

同时，华迈注重学生以天下兴亡、匹夫有责为重点的家国情怀教育，进而让他们拥有乡土情结，增强国家认同，激发爱国情感，树立民族自信。这也是培养作为一个世界公民应具有的素质，尚和合，求大同，崇正义，为人类的和平和发展做出自己的贡献。

华迈六大核心素养之四，是合作创新的意识。合作是促进个体发展、实现组织目标、维系社会运转并推动社会进步的重要途径，华迈注重培养学生的合作共赢素养。在华迈的许多团体活动，都能让学生认同团队目标，主动承担分内职责，互帮、互助、共同协商，共同发展。创新也是华迈注重培养学生的核心素养。礼记记载："苟日新，日日新，又日新。"变化随时在发生，华迈与时俱进，在教学方法和评价机制上，积极探索改革，鼓励学生自主学习、独立思考、勇于探究创新。创新意识的培养，能帮助学生更好应对未来的变化与挑战，培养国家新兴领域所需的优秀人才。

每个人都有自己的专长和优势，只有相互信任、相互支持，才能共同完成项目。每年的运动会，每一个项目，同学们都在竭尽全力为班级做贡献，运动员的拼搏汗水，啦啦队的激情呐喊……尤其在接力赛及班级集体活动中，团结协作之精神更加彰显。我也希望能通过此类活动，让华迈的孩子们能更好地去倾听和尊重他人的意见，更好地与他人沟通和协作。

华迈六大核心素养之五，是谦谦如玉、铮铮若铁的品格。谦谦如玉，"谦谦"取《易·谦》："谦谦君子，卑以自牧也"中"谦谦君子"之意，指谦虚而严格要求自己的人；"如玉"，取《国风·秦风·小戎》里有"言念君子，温其如玉"中"温其如玉"之意。谦谦君子，温润如玉，华迈希望通过文化、艺术来熏陶，培育学生谦虚而又严格要求自己，守心如玉，永葆高洁本心。让学生拥有情趣高雅、谦逊有礼、谅解体贴、乐于分享的品格。

铮铮若铁，比喻刚正、坚贞。"铮铮若铁"又合乎中华文化的精神，张岱年先生认为"刚健有为""和与中""崇德利他""天人协调"四点"就是中国传统文化的基本精神之所在"。华迈希望通过体育、社会实践磨砺学生品格，培养华迈人刚健有为、坚毅勇敢、全力以赴、永不言败的素养。

华迈六大核心素养之六，是卓然独立、越而胜己的精神。华卓然独立、越而胜己是华迈的学校精神，更是六大核心素养之一。华迈培育学生独立的人格和品格，发掘他们的独立性、自主性、创造性，让学生形成清晰的自我认知和规划，形成君子如兰的精神气质和人生追求，形成自我的发现和完善。

我们提出的核心素养，深度、自主是学习与思考；孝诚、勇毅是感恩；包容、担当是适应社会和肩负责任；合作创新是不惧挑战和勇于开拓；铮铮若铁是抗挫折；谦谦如玉是阳光的心态与温雅的合作；卓然独立、越而胜己是更上层楼的追求。华迈学生发展的核心素养，外显为"感恩、合作、担当、阳光"和"乐学习、善思考、抗挫折、适应社会"的样态，将通过学校课程、教育教学活动、科学管理、校园文化等工作以及家庭、社会的共同努力来实现。

将我们为华迈学生画的画像一一展开仔细观察，就会发现所有这些对学生的期望，最终还将归结于国家育人目标的最终要求——培养德智体美劳全面发展的时代新人。在国家的宏大育人蓝图中，培养德智体美劳全面发展的时代新人，不仅是一句口号，更需要学校这个教育教学机构肩负起责任与担当，我认为，这就是心新教育衍生至今被赋予的重要意义。

华迈的心新教育为实现中华民族伟大复兴而萌发，为培养优秀的高素质学生而成长。通过"五育融合"的教学策略，心新教育培养出更多具有创新精神和实践能力的人才，为民族复兴提供强有力的人才保障，这就是心新教育"怎样培养人"的具象行动。至于"五育融合"的具体底蕴，就需要在接下来的章节中详细展开，以飨读者。

第二节
五育融合下的华迈探索

若要我捕捉心新教育在华迈最为鲜活的场景,那一定是孩子们脸上灿烂的笑容。同学们发自内心的笑貌,正是我们华迈用心新教育精心雕琢,将德育、智育、体育、美育、劳育这五育完美融合后,在孩子们脸上镌刻下的最动人篇章。

开学第一课华迈学生阅读分享

德国著名哲学家费尔巴哈对"应该做什么样的人"有此见解:"我们的理想不应当是被阉割的、失去肉体的、抽象的东西,而应当是(成为)完整的、实在的、全面的、完善的、有教养的人。"于我而言,这就是从古至今教育所必须追求的终极目标,也是华迈新教育实践的核心价值所在。

我国周王朝时期，官学要求学生掌握的六种基本才能：礼、乐、射、御、书、数，被称作"六艺"，共同构成了全面而综合的教育体系，可以看作五育最早的雏形。19世纪末，严复提出"民力、民智、民德"的"体智德三育并举"思想；20世纪初，王国维在《论教育之宗旨》一文中加入精神层面的"美育"（情感）思想，提倡德智体美"四育"。1929年，杨贤江编著了中国第一部用马克思主义原理阐述教育理论的书籍《新教育大纲》，提出了德智体美劳全面发展的新思想，青少年的身心发展和个性特征要贯彻实施到整个"五育"融合过程中。

2018年，习近平总书记在全国教育大会上提出："要培养德智体美劳全面发展的社会主义建设者和接班人。"并首次对德智体美劳教育内容和新时代人才培养目标提出了明确的要求，特别强调要强化体育、美育和劳动教育，努力构建德智体美劳全面培养的教育体系，形成更高水平的人才培养体系。2019年《中国教育现代化2035》文件中进一步提出："更加注重学生全面发展，大力发展素质教育，促进德育、智育、体育、美育和劳动教育的有机融合"。自此，"五育并举"真正成为新时代学校必须重视的大课题。

国家层面的教育方针与理念，为各级各类学校的教育实践指明了方向，也为华迈的教育改革提供了根本方略。积极响应国家号召，将"德智体美劳全面发展"的要求深植于心，践之于行，并与心新教育理念深度融合，构成华迈中学独有的育人新途径。

01 德以立心，铸魂定向

心为道之本，道为德之源，厚德方能载物，德育即可铸魂。德育立于"五育"之首，其重要性不言而喻。

德育不仅是个人心性形成的基础，更对其发展起着至关重要的导向和推动作用。心与德紧密相连，共同塑造了个体的思想情感、价值观念及行为习惯,实现了内在修养与外在表现的和谐统一。鉴于德育能够激发善念、培养责任感与同情心,为个人成长为社会栋梁奠定坚实基础,华迈在日常教育中,采取情感共鸣、理性启迪与实践锻炼等多种手段,确保德育深入学生心灵,发挥其应有的作用。

德育理念:正心奉道——以德为本建设心灵品质

德育目标:培养社会主义建设者和接班人

德育宣言:明德惟馨,见贤思齐

德育纲领:突出德育实效。完善德育工作体系,认真制定德育工作实施方案,深化课程育人、文化育人、活动育人、实践育人、管理育人、协同育人。大力开展理想信念、社会主义核心价值观、中华优秀传统文化、生态文明和心理健康教育。加强爱国主义、集体主义、社会主义教育,引导青少年听党话、跟党走。加强品德修养教育,强化学生良好行为习惯和法治意识养成。广泛开展先进典型、英雄模范学习宣传活动,积极创建文明校园。健全创作激励与宣传推介机制,提供寓教于乐的优秀青少年文化精品;强化对网络游戏、微视频等的价值引领与管控,创造绿色健康网上空间。突出政治启蒙和价值观塑造,充分发挥共青团、少先队组织的育人作用。

"正心奉道——以德为本建设心灵品质"是华迈德育理念的特色表达,正心以立命,奉道以成器,德本心修,育魂铸品。也正由此,引出了华迈的德育目标,即"培养社会主义建设者和接班人"。以此为目标,华迈提出"明德惟馨,见贤思齐"的德育宣言,期于弘扬高尚品德,引导学生以贤能为榜样,追求自我完善。"明德惟馨"强调品德纯洁,希望学生知理明德,散发宜人气息;"见贤思齐"则鼓励学生寻榜样,反思不足,努力提升品德和能力。

道德是无形的,德育是隐蔽的,如何将抽象的德育转化为可感、可见的形象，让理念看得见、让目标可实现？对此，华迈围绕德育工作的可视化、情境化、生活化，认真制定了德育工作实施方案，在理想信念教育、社会主义核心价值观教育、中华优秀传统文化教育等方面做了有意义的探索与实践。

以活动为载体的主题塑造。校园活动是校园生活中不可或缺的一部分，不仅可以丰富学生的课余生活，还能用以超越课堂的生动形式，在潜移默化中向学生传递价值。

四月是缅怀革命先烈、弘扬革命传统的月份。为传承红色基因，培育时代新人，华迈组织"进红区"特色主题活动。前往老城"马白山将军红色基地"及桥头"玉保港登陆作战纪念碑"，开展生动深刻的红色教育活动；积极协调老城镇政府及开发区政务服务窗口，为学生提供实地参观机会，深入了解党政办公流程、服务人民宗旨及自贸港建设中党政机关的运行机制；走进老城消防支队与边防部队军营，让学生亲身体验消防安全知识、学习技能，接受国防教育，感受严谨的军营生活。这一系列活动，让学生们近距离接触红色文化和传统文化，在实践中加深对历史的了解，明白今日美好生活的来之不易。

研学旅行活动中，华迈学子每人自备小垃圾袋，随身垃圾带回学校再丢弃；参观途中有人自动当起了小导游，主动介绍相关知识；每人带着一个小本子，随身记录，体味红色精神。他们的表现展现了华迈学子良好的素质与风貌，是对华迈德育工作有效转化肯定，也让理念在实践中得以生动呈现。

每学期的开学典礼，每学年的毕业典礼，十五岁的成长礼，十八岁的成人礼，每场活动全校师生盛装出席，仪式感所带来的价值引领不容忽视。在这些庄重而神圣的仪式中，学生们不仅感受到了学校文化的深厚底蕴，更在心灵的深处种下了追求卓越、尊重传统的种子。

开学典礼上，师生们共同展望新学期，明确目标，鼓足干劲；毕业典礼则是学生们人生旅途中的一个重要里程碑，它不仅是对过去的总结，更是对未来的期许。而十五岁的成长礼与十八岁的成人礼，则更是学生们人生角色转变的重要标志，它们让学生们意识到自己已经长大成人，需要承担起更多的责任与使命。学生们在实践中感悟，在感悟中成长，逐渐形成了正确的世界观、人生观和价值观，为未来的发展奠定了坚实的基础。

以日常为落地的行为养成。除了特殊节点的活动以外，华迈还注重将德育工作落实到日常管理中，通过细致入微的日常行为养成教育，让学生们在潜移默化中形成良好的思想品德和行为习惯。

无规矩不成方圆。华迈中学加强德育评价体系建设，制定了《华迈学生操行量化考核条例》，坚持教育为主、教育与处分相结合的原则。学校和班主任在每位学生操行基本分或起点分的基础上，按其表现进行奖分或罚分。同时，学校还制定了学生德育评价的实施细则，开展了多角度评价活动，如学生自评、生生互评、任课师评、年级组评、家长参评、AI课堂智慧系统测评等。这些评价活动不仅让学生们更加清晰地认识到自己的优点和不足，还激发了他们的积极性和进取心。

此外，坚持开展"五个一"的感恩活动：每天一善行、每周一体贴、每月一侍奉、每学期一汇报、每年一公益。通过营造一种氛围，观看一场电影，学唱一首歌曲，书写一封信，组织一次主题班会，倡导一次感恩自然的环保教育等活动，厚植学生知恩感恩情怀，培养学生孝、诚、勇、毅的四大品质，大力弘扬社会主义核心价值观。

有一年毕业典礼散场，高三年级的一个班级自发"打扫战场"，将7个教室的500套桌椅全部归回原位才离校，彼时已是夜里00:30，月光见证了华迈德育如何内化于心、外化于行。

我认为这就是心新教育真正想达到的教育目的——让学生学会做人。在德育活动的坚持推进下，华迈的教育环境充满正能量，学生们的人生观和价值观得以正确树立，人格越发健全，品德越发高尚，内心的社会责任感与日俱增。心新教育引领下的德育工作，为华迈学生的未来发展奠定了坚实的基础。

02 智以强心，求知寻真

心启智育，思辨穷理，乃心智之基；心怀求知，探寻真理，以育心而明智。

基础教育阶段，智育激发内心求知探索之火，为学习注入不竭动力；同时，它塑造提升心智，使学生在知识积累中学会独立思考，实现内心世界的丰富与成熟。智育与心灵相辅相成，共同促进学生全面发展。为此，华迈精心设计智育路径，旨在全方位滋养学生的心灵，启迪智慧之光。

智育理念：明心知往——以"教学为中心"丰厚学养

智育目标：着力培养认知能力，促进思维发展，激发创新意识

智育宣言：智周万物，道济天下释义：勤奋探索，运用智慧改造万物，乐于奉献，按规律治理天下，实现经世济民的远大理想。

智育纲领：严格按照国家课程方案和课程标准实施教学，确保学生达到国家规定学业质量标准。充分发挥教师主导作用，引导教师深入理解学科特点、知识结构、思想方法，科学把握学生认知规律，上好每一堂课。提升智育水平，着力培养认知能力，促进思维发展，激发创新意识。突出学生主体地位，注重保护学生好奇心、想象力、求知欲，激发学习兴趣，提高学习能力。加强科学教育和实验教学，广泛开展多种形式的读书活动。加强监测和督导，坚决杜绝学生学业负担过重。改进科学文化教育，统筹课堂学习和课外实践，强化实验操作，建设书香校园，培养学生创新思维和实践能力，提升人文素养和科学素养。

北宋大儒程颐的名篇《颜子所好何学论》中提到："君子之学,必先明诸心,知所往,然后力行以求至。"华迈育英,亦循此道。明心知往——以"教学为中心"丰厚学养,是华迈秉持的智育理念。教学不能直接和智育之间划等号,"着力培养认知能力,促进思维发展,激发创新意识"才是华迈智育的最高目标……为此目标,华迈人不懈努力,孜孜以求,特提出"智周万物,道济天下"的智育宣言。智周万物,寓意学子应博览群书,贯通古今,明了万物之理,具备广博之知识与深厚之学养。道济天下,则强调学子应心怀天下,以所学之道,服务社会,造福苍生。此宣言不仅彰显了华迈智育之高远目标,亦体现了教育之社会责任与使命。

对于基础教育而言,智育是传授科学文化知识、培养基本技能和发展智力的教育,在帮助学生启智方面起着基础性的作用。

深度自主的学养是华迈智育成果的体现,华迈以心新教育为出发点,着力培养学生的认知能力,促进其思维发展,让创新意识成为伴随他们学习、生活的重要部分。

主动汲取。之于智育,课堂是必须坚守的"阵地",教学是必须占领的"高地"。华迈老师严格按照国家课程方案和课程标准实施教学,精心打造每一堂课,确保知识的精准传授。

在此基础上,华迈希望通过营造一种"阅读无处不在"学习氛围,培养学生自主学习的习惯。

在华迈校园里,图书馆不再局限于某一个空间,而是融入了每一寸土地,每一栋教学楼。我认为"校园有多大,图书馆就可以有多大",让每一栋教学楼都有图书馆,让图书馆就在学生身边,这是华迈在智育上要做到的。于是,在校园建设时,我们构建了包含千寻悦享小屋、朗读亭等8个阅读空间,外加14个科创空间,丰富的阅读场域,充满艺术格调,让学生随时都能找到读书的地方,使阅读自然而然地发生。

为了进一步提升学生的阅读体验，华迈调整阅读课程设置，要求每12天开展一节阅读课，老师加入阅读指引队伍，由经验丰富的老师精心挑选出符合课标要求的课外书籍，以培养学生们的阅读习惯和兴趣。当学生逐渐培养了自我阅读的意识和兴趣后，再鼓励他们根据自己的喜好和兴趣，自主选择书类进行阅读。偶尔组织通过学生演课本剧，学生通过扮演人物，感受人物的性格特征，知识的汲取更加主动。

"读书节"活动

清晨课堂里郎朗的读书声、操场上诵读的身影、食堂排队打饭时那手离不书的场景，已然华迈校园里一道道独特的风景线。

乐于表达。汲取是内修的过程，表达乃外化的展现，内修外化，相为表里，方可契合华迈智育之高标准要求。华迈将"读书节"作为学校的五节之一，予以高度重视，节日持续时间更是由最初的一两周扩展至整整一个月，充分体现了学校对"读书节"的重视。

读书节期间，华迈每周都会邀请名家举办讲座：著名朗诵艺术家房明震老先生亲临现场，以其深情的朗诵，引领全校师生沉浸于文化的海洋，感受文字的魅力；邀请苏学研究大家陈瑞森老先生，分享他学习苏东坡抄书十二年的心得体验，展陈其多年来学习苏东坡抄书的成果，让大家近距离感受传统文化的独特魅力……

此外，学校还举办了"激情晨读，不负韶华"校级读书竞赛，通过初赛、决赛的赛制设置，以及各年级的集体展示，不仅激发了学生的阅读热情，更让他们在竞争中收获了自信与成长。

每当新学期伊始，华迈的开学第一课更给足学生自我表达的舞台。各班级精心准备的"创意"开学礼活动，同学们利用假期所学，各展所长。以歌舞的悠扬旋律、戏剧的生动演绎、朗诵的声情并茂等多种艺术表现形式，为新学期的学习生活拉开了五彩斑斓的序幕，共同编织了一堂精彩纷呈、意义非凡的开学第一课。

从这些场域设计、课程设置、人员配备到活动开展的方方面面，都体现了心新教育在智育方面重视，不仅从阅读行为上感染孩子，完成深度自主的学养培养，还拓宽孩子们的视野、丰富想象力，通过教育获得真正的智，这就是华迈的终极用意。

03 以体健心，强身炼毅

体之育，非徒强体魄，更为育心灵之韧、塑全面之才。

体育与"心"紧密相连，在中学教育中展现独特价值。它是心灵磨砺与滋养的过程，通过挑战困难、团队合作与情绪调节来锻炼学生的心理素质，增强心灵韧性，促进心理健康。体育，以身心并重的独特方式，助力学生全面发展，实现心灵与身体的和谐共生。

体育理念：日新精进——为祖国健康工作五十年

体育目标：开展好学校特色体育项目，让每位学生掌握1至2项运动技能。

体育宣言：身体力行，摩拳擦掌

体育纲领：强化体育锻炼，坚持健康第一，开齐开足体育课，全面实施学校体育固本行动。科学安排体育课运动负荷，开展好学校特色体育项目，丰富运动项目，广泛开展校园普及性体育运动，强化体育锻炼，培养体育兴趣和运动习惯，使学生掌握1至2项体育技能。坚持激情晨跑、武术操、竹竿舞等运动，定期举办学生运动会或体育节。

"为祖国健康工作五十年"十个大字被高悬在清华大学操场之上，这份对国家的承诺与责任，成为代代清华人前进的动力。好的理念应该"拿来"，华迈用清华大学的体育精神作为引领，既是对标，也是共赴。什么样的体魄才能"为祖国健康工作五十年"未有定数，但从中学生体质健康标准来说，能够通过"开展好学校特色体育项目"，"让每位学生掌握1至2项运动技能"已然足矣。"身体力行，摩拳擦掌"，当行之以身，彰显体育之真谛。

体育改革出新意。我们华迈的体育，可以用"创新"这个词来形容，因为澄迈的孩子体育基础比较差，如果照搬一二线城市的体育教育模式来训练我们的孩子，只会得到事倍功半的效果。所以我们在初中阶段和高中阶段相关课程的安排上，都有不同的考量。

初中阶段的体育教育有学业水平考试的压力，要求比高中阶段稍高一些，于是我们立足海南本地，在初中实施华迈独有的、全国首创的体育选修轮换制。

何为选修轮换制？我们在初一阶段的体育课安排了5个中考选修项目，如篮球、排球、足球、跳绳、飞盘，让学生先上8节篮球课，8节课结束之后安排他们去上排球课，排球课结束后就是足球课、跳绳课、飞盘课……我们的目的就是让学生快速了解自己的专长，从而在中考时选择适合自己的考试项目。

到了高中，体育教育没有了考试的限制，我们的目标就是想让学生在1至2项运动项目上感兴趣、有专长。所以华迈的高中体育课被称为"超市课"，由学生任选。以学年为单位，开设8个班，安排了9个选项内容，学生可以按照自己的兴趣爱好选择篮球、橄榄球、足球等项目。除了对学生的体能起到锻炼效果外，我们更希望高中学生在体育课上能真正享受自己喜欢的项目，尽情减压放松，调整心情，收获快乐。

在传统早操上，我们也进行了大胆革新，设计了七套各具特色的校本操。校本操动作科学、节奏明快，而且充分考虑了学生的年龄特点和身体发展需求，旨在全面锻炼学生的身体协调性、柔韧性和力量。我们不定期更换操种，确保学生能够持续感受到新鲜感，从而保持对早操的热情和参与度，让早晨的锻炼成为一天美好生活的活力开端。

我们也将创新与趣味性发散到每天一换的课间操的安排上。从绳操锻炼上肢力量与协调性，到敏捷梯体能训练提升身体灵活性与反应速度；从融合传统文化元素的打跳舞增进团队协作与文化认同感，到自由体育运动时间，让学生根据个人兴趣选择项目，享受体育带来的自由与快乐；在雨天户外活动受限时，我们开展室内八段锦练习，强调身心合一、调和气血，在放松身心的同时加深了对中国传统文化的了解和传承。

在华迈的体育氛围里，通过体育教学创新和细节，学生能真正体会到基础教育阶段体育的乐趣，这也是心新教育理念想要传达给学生，或者说想要默默影响学生的一个方面，我相信我们的学生，在每一节体育课中，也切身感受到了华迈体育教育的用心之处。

精神习惯作引领。体育非一朝一夕之功，需日积月累，持之以恒。华迈常年坚持开展激情跑操，在队形、步调、节奏、间距、口号和精气神等方面提出高标准、严要求，督促学生在强身壮体的同时，培养学生的团队观念和合作意识。每日清晨，朝阳之下，都能看到华迈学子整齐划一的步伐，听见他们响彻云霄的口号声。钢铁般的纪律照射

华迈师生每日晨跑

在清晨的露珠上，反射出坚毅的光芒，每一次的向前跃进，都诠释着对"卓然独立，越而胜己"的不懈追求。

　　大课间的活力韵律操是华迈与众不同的重点体现，除了传统课间操的规范化与纪律性，华迈紧跟时代步伐，围绕学生兴趣及流行趋势，灵活调整课间韵律操内容，充分展现华迈"与时俱新"的品质。《科目三》《小土豆》等网红舞蹈，在融入华迈老师的编排后独具韵味，备受同学们青睐，《你笑起来真好看》更是凭借其独特的魅力，在网络上赢得了广泛赞誉，点击量与转载量近百万。这种变化更新，不仅极大地丰富了校园文化生活，更激发了学生参与体育锻炼的热情，使他们能够在紧张的学习之余，享受到体育带来的快乐与活力。

　　少年有梦，绝不止于心动，必将付诸行动。在"五育并举，融合育人"的背景指导下，继续丰富校园文化的发展，华迈每年十一月会以体育节为契机，打造一场属于充满活力与激情的体育盛宴。赛道上，师生们奋力奔跑，挥洒汗水，自由逐梦的身影也定格进了只此一次的青葱岁月；操场上，"华迈龙"在整齐而划一的步伐下一往无前，点燃观众们的运动热情;千寻馆里,伴随着裁判的一声哨响,排球高跃而过,比赛一经开始,加油声响彻不绝。

以精神习惯为引领,华迈学子在体育锻炼中锤炼意志,砥砺前行。每一次的坚持与努力,都是对卓越的不懈追求,共同书写着青春与梦想的华彩篇章。

物质基础供保障。精神引领需并行,物质保障亦不可或缺。建校五年,华迈在体育设施的物质建设上亦倾注了大量心血。昔日的"土操场"已焕然一新,绿茵茵的人工草坪覆盖着足球场,蓝色全塑型环保跑道环绕其周;丙烯酸室外篮球场,彻底解决运动场所"踢球崴脚、跑道掉色、打球滑倒"问题;千寻馆的持续丰富,确保学生在恶劣天气下也能正常进行体育锻炼;篮球场、排球场、羽毛球场等一应俱全,各类体育器材排列有序,满足了不同年龄段、不同兴趣爱好的学生需求。

《孟子·尽心上》言:"得天下英才而教育之,三乐也。"在体育师资力量投入上,华迈拥有一批经验丰富、专业素养高的体育教师,在县级以上荣誉中获得133项,其中包括国家级8项和省级34项,他们不仅具备扎实的体育理论知识,更擅长将理论与实践相结合,制定出科学合理的训练计划。在日常教学中,老师们耐心指导,悉心纠正学生的动作,确保每位学生都能在安全的前提下,有效提升运动技能。

总结而言,华迈学校秉持"日新精进"的体育理念,通过丰富体育项目、强化体育锻炼,培养学生体育兴趣和技能,同时注重体育设施建设与师资投入,为学子们强健体魄、锤炼意志提供了坚实保障,践行了"为祖国健康工作五十年"的庄严承诺。

04 美以润心,怡情知趣

心为美之根,美为情之源。心启美育,观物察情;美育哺心,以育心而明情。

心，作为美的源泉与感知美的主体，通过美育得以深化与升华。在中学阶段，学生的心智正快速发展，对美的感知也更加敏锐和深刻。通过美育的引导，他们学会更加细腻地用"心"观察世界。

华迈美育的过程是从心开始，通过观察万物、感受情感来启迪心智。这种美育能让学生心怀尚美，不断追寻至美之境，以此滋养心灵，使情感变得更加明澈与丰富。

美育理念：心暖花开——真正创造艺术的是学生

美育目标：怀大爱之心，成大美之人；美无处不在，有我更精彩

美育宣言：各美其美，美人之美；以美育美，至善至美

美育纲领：增强美育熏陶，实施学校美育提升行动，严格落实音乐、美术、书法等课程，结合地方文化设立艺术特色课程。开展校园艺术活动，帮助每位学生学会1至2项艺术技能，会唱主旋律歌曲。引导学生了解世界优秀艺术，增强文化理解。鼓励学校组建特色艺术团队，办好中小学生艺术展演，推进中华优秀传统文化艺术传承学校建设。加强美育工作，积极开展舞蹈、戏剧、影视与数字媒体艺术等活动，培养学生艺术感知、创意表达、审美能力和文化理解素养。

审美是一个主观感受，具有主体性，但审美的"心境"是共通的，它可以普遍传达。在主体性与普遍性的双重身份下，让学生能正确认识和处理美，是美育存在的必要性。美育不仅限于音乐和绘画，数学之严谨、物理之现象、化学之碰撞，皆蕴含美。各学科皆应融入美育。校园中，学生是艺术的创造者。因此，我倡导"怀大爱之心，成大美之人；美无处不在，有我更精彩"，鼓励学生参与美的建设，在美中认识、提升、发现并发展自我。"各美其美，美人之美；以美育

华迈学子自导舞台剧

美,至善至美"的美育宣言,期于以美育心,让学生欣赏自己的美,塑造独特个性,尊重他人之美,以美陶冶内心,最终达到至真至善至美的境界。

课程落实,激活课堂能量。因为不涉及学分,一般学校往往对音乐、美术等课程重视程度不够,导致美育过程中课堂环节的缺失。华迈从根本上杜绝了这一现状的可能,具体而言,应将音乐课、美术课,甚至书法课全部纳入学校核心课程体系,明确其在学生全面发展中的重要地位,并设立相应的考核机制,以确保教学质量与效果。在保证课时的基础上,额外开设簸箕画、盘子画、手工黏土、剪纸艺术、书法绘画欣赏等艺术特色课程,为学生创设欣赏美、感受美、创造美的艺术氛围,培育学生美育怡情、晓文知趣的艺术素养。

艺铭老师结合民间习俗设计的《隶书之斋号匾额的创作》课程,引导同学一起共同体验隶书练习;奕录老师的《押花画》取材于校内外丰富的植物资源,带领学生了解押花艺术特点和工艺流程,感受押花艺术之美。

此外,学校还定期邀请知名艺术家与手工艺人走进课堂,举办艺术讲座与工作坊。国学大师米鸿宾先生率弟子中国华服研究院院长周锦女士,以及资深出版人姜云松先生,带给华迈师生《华服与中国智慧》

精彩报告，展现不一样的民族气象。通过现场演示与交流，拓宽学生的艺术视野，激发学生对传统文化的热爱与创新意识。

实践拓展，释放个体张力。文以载道，艺以传情。年末的艺术节是华迈学子尽情展示自己的舞台：可以激情朗诵，以声传情，净化心灵；可以高谈阔论，激扬文字，指点江山；可以书写理想，描绘人生，畅想未来。2023年华迈第三届艺术节，有校舞蹈团的舞蹈节目《爱莲说》，出淤泥而不染，濯清涟而不妖，展现了莲花"亭亭净植，不蔓不枝"的君子品格；有华服队学生的华服走秀《华彩绽放》，展现出新时代学子对中华民族独特的审美情趣；由家长代表和教师代表带来的歌曲《我的中国梦》。不仅丰富了学生的课余生活，更在无形中提升了他们的审美鉴赏力和创新能力。

艺术的形式是多元的，艺术的表达也不仅仅局限于艺术节，而更在于如何敏锐地捕捉并珍视每一份艺术潜能的绽放。在此过程中，教师的鼓舞与重视对华迈美育事业的推进起到了举足轻重的作用。高中班主任李老师，以其独到的慧眼，积极挖掘学生的独特才华：面对一位学业成绩并不出众却精通架子鼓的学生，李老师不遗余力地为他搭建舞台，每逢节日庆典，总是积极推荐他上台，让他在全校师生的瞩目下尽情挥洒才华；同时，她还引领两位播音主持方面具有天赋的学生，共同参与首届苏东坡诗词诵读大赛，并在激烈的竞争中脱颖而出，荣获中学组桂冠。

在华迈的美育活动熏陶下，我们的学生展现出更丰富的创造力与想象力，他们学会以艺术表达情感思想，塑造独特个性。在观察力与感受力增强后，他们更加善于发现生活之美，笑容常伴。美育还提升了他们的审美与文化素养，拓宽了文化视野。在参与美育活动的过程中，同学们不断挑战自我，磨炼意志，学会表达自己的观点，学会解决问题……

05 劳以塑心，躬行实践

心手合一，劳之根本；躬身力行，心性之基。

劳育塑造俭养之德。通过躬亲劳作，方知世事价值，遂生珍惜之心，尊重劳动之果。既强心理素质，如抗挫之能、适应之力，又促情感发展，如合作之谊、交际之技。心之积极，情之热烈，也使劳育之效更显。

劳育理念：践履笃行——以劳育为基创造幸福人生

劳育目标：勤辛劳动，勤奋做事，勤勉为人

劳育宣言：劳苦功高，动不失时

劳育纲领：加强劳动教育，充分发挥劳动综合育人功能，加强学生生活实践、劳动技术和职业体验教育。优化综合实践活动课程结构，确保劳动教育课时不少于一半。坚持学生值日制度，组织学生参加校园劳动，积极开展校外劳动实践和社区志愿服务。创建劳动教育实验区，为学生参加农业生产、工业体验、商业和服务业实践等提供保障。重视劳动教育，制定劳动教育实施方案，统筹开展好生产性、服务性和创造性劳动，使学生养成劳动习惯、掌握劳动本领、树立热爱劳动的品质。

"劳力劳心，亦知亦行。"劳动是生命的底色，也是心新教育不可或缺的育人要求，坚持"践履笃行—— 以劳育为基创造幸福人生"，以"勤辛劳动，勤奋做事，勤勉为人"为目标，力求通过劳育促进学生综合素养与学业能力的提高，探寻"以劳树德、以劳增智、以劳健体、以劳育美"的教育路径。

以生活为起点，习技提能。夫教育之本，在于生活。华迈从实际出发，建构"3344"华迈劳育模式："三路径"，校园劳动实践（内务班务劳动体验、校园卫生保洁、校园岗位劳动体验、厨艺大赛、餐厅综合服务、空中农场种植、校园美化、劳育课程体验）；家庭劳动体验（周末家务劳动、今天我当家）；社会劳动参与（社区志愿者服务、现代企业岗位体验、新农村劳动体验、职业体验、海洋环保行动）。"三行动"，包括学科渗透、课程实践和活动体验。"四结合"，做到思想教育与劳动实践、日常劳动与主题劳动、国家课程与拓展课程、集中劳动与分散劳动四个结合。"四目标"，培养学生"正确的劳动观念、必备的劳动技能、积极的劳动精神、良好的劳动素养"。

"厨艺大赛"上，学生各展所长，亲自掌勺烹饪佳肴，用柴米油盐调出生活的滋味；校外农田间，学生挽起袖口裤腿，在一弛一张间把握插秧的节奏，感受大地的脉动；邻里社区间，大家拿起抹布，蘸上清水，让路边的灯椅再次焕发光泽。"连廊花圃"和"空中农场"浇种的不只是花草瓜果，更是学生们对自然与生活的热爱。

高中阶段是个体生涯发展的重要阶段，2022 年寒假我们就给高一阶段的学生们布置了一项特别的作业——亲身体验一份职业，通过职业体验让学生走近真实工作场景及行业从业者，切身了解、感受该岗位的酸甜苦辣。在此过程中加深对该工作岗位的认识，增加对社会的了解，激发学生的学习兴趣，使学生做好学业规划、职业规划和生涯规划。即使可能辛苦，但劳动的体验是多姿多彩的，这就是华迈劳育带给孩子们的最大收获。

从劳育再出发，全科融合。"以劳增智"，实践出真知，勤劳出智慧。"以劳强体"，劳动锻炼人，劳动磨炼人的意志，劳动发展了人。"以劳育美"，智慧劳动增加了人的审美情趣，劳动最美丽。"以劳创新"，创新始于劳动，"智慧在孩子的手指上"，动手动脑，心灵手巧。

聚焦劳育，全科融合，以劳创节为切入口，特邀名家李公羽先生作《美好出艰难——苏东坡的劳动创新与智慧生存》专题报告，激发学子劳动创新意识与生存智慧；邀请海南本土劳模代表分享返乡创业经验，引导学生尊重热爱劳动，助力其在人生路上收获自信与成长。

"百花园""百草园""百果园""百药园""百树园"的校园空间，更是为多个学科提供有关植物类的课程教学服务资源。如书写观察日记，为语文学科积累素材，培养观察和书写能力；实地测量、计算面积等融合了数学的思维；动植物种养护，融合生命教育、价值观引导，创新学校德育的新形式，达到了"一草一木皆德育"的实效；个性化班牌的设计制作、蔬果小报、植物生长手账、剪纸话农作等，充分展示了学生个性，在创造美、传递美中融合了美育。发现问题并积极主动地解决问题的种植过程，也是智力和体力的双重考验。

华迈努力把"五育融合"这一新理念，全方位弥漫、渗透、贯穿于教育生活的全过程，让"五育"真正进学校、进课程、进课堂、进班级，进入到学校教育中的"毛细血管"之中，变为学校师生日常生活中的一部分，变成属于时时、处处、人人，而不是拘泥于某时、某地、某人的教育，从而形成一个来自"五育"而不同于"五育"的新事物——"五育"整合融合生成体。

而这个融合过程，就是心新教育理念的贯彻与落实。心新教育是以心灵唤醒心灵的教育，是用创新引领创新的教育，在培养出身心和谐发展的人后，再通过这些人用心灵的智慧去改造世界。所以我们现在强调"让少年的心灵澄明敞亮，用心灵的智慧去改造世界，实现每个学生拥有幸福而有意义的人生。"这也正是"五育融合"赋予基础教育育人的新内涵。

06 五育融合，心新树人

"五育并举"强调德智体美劳五个方面的均衡发展。在实践中，"五育并举"注重各育的独立性和平等性。而现代教育对五育提出更高要求——在"五育并举"的基础上，进一步追求五育之间的深度融合和整体实施，即"五育融合"。

"五育融合"并不是德智体美劳的简单拼凑和叠加，而是通过"五育"各育融入学生课程、活动中，并相互渗透、相互促进，从而实现不同于各育的一个新事物——一个整体的"五育"的融合生成体。与"五育并举"相比，"五育融合"更注重教育的融通性和有机性，追求的是五育之间的协同增效。以德立心，"德"定方向；以智强心，"智"长才干；以体健心，"体"健身躯；以美润心，"美"哺心灵；以劳塑心，"劳"圆梦想。"融合"重在平衡，在发展中走向全面，实现五育之间的有机统一。

五育之间的有机统一有效促进人的成长。具体可以细分为三个结构层次：德育、智育、美育主要促进心灵发育发展，属于精神发展丰富陶冶层次；体育主要促进身体发育发展，更多提供健康的物质保障和支撑，属于身心和谐发展的层次；劳动教育提供生存生活和发展所必需的劳动意识和能力，属于培养创造性实践能力的层次。其中德育是各育的灵魂与方向，智育是各育的前提与基础，美育是前两者的桥梁及各育的内在动力，劳动教育是真正实现真、善、美内在统一的现实途径。

心新教育是心灵唤醒心灵的教育，是创新引领创新的教育，心新教育是从"心灵认知"到"创新发展"的跨越，是培养身心和谐发展的完整的人，是用心灵的智慧去改造世界，可以说"五育融合"赋予了心新教育新的内涵，而华迈的心新教育也为"五育融合"的实现提供了坚实的实践平台与路径。

例如，我们通过"开学第一课"，实现华迈五育融合的成果。在假期读书分享会上，我们为学生们提供了一个展示阅读成果的平台。通过分享自己在假期期间阅读的书籍，同学们不仅巩固了所学知识，还锻炼了语言表达和思维能力，同时提升了他们的阅读能力和文化素养，体现了智育的核心价值。

然而，读书分享会并没有止步于智育层面的训练。在德育方面，分享会通过鼓励学生分享书籍中的正面价值观和道德观念，引导他们树立正确的世界观、人生观和价值观。这种分享促进了学生之间的相互学习和启发，增强了他们的道德意识和社会责任感，从而实现了德育的渗透。

读书分享会还充满华迈的美育考量。在分享过程中，同学们采用多样的表达形式和技巧，通过生动的语言、丰富的表情和恰当的肢体语言，将书中的情感和意境传递给听众。这是激发他们创造力和想象力的大好机会。同时，通过布置分享会场地、挑选合适的背景音乐等方式，营造了浓厚的艺术氛围。

体育节也是一睹华迈"五育融合"风采的良机。在开幕式上，各班级方阵都有一分钟时间来进行班级风采展示，有的班级穿着民族服装，打着"民族团结进步"的标语跳起民族团结舞；有的班级手拿铁锹和麦穗，头戴斗笠展示农民劳动丰收的景象；有的班级还为我们还原了"五四运动"的热血场面。

跳民族舞的班级，不仅通过舞蹈展现了中华文化的多样性，更强调了民族团结进步的重要性，培养了学生们的爱国情感和民族自豪感。而扮演农民丰收的班级，则通过模拟农事活动，让学生们亲身体验劳动的价值，增强了对劳动者的尊重和对劳动成果的珍惜，这是劳育与德育的完美结合。

而在开幕式筹备过程中，同学们需要深入研究各自主题的历史背景、文化内涵和社会意义，这既是对学生知识面的拓展，也是对思维能力和创新能力的培养，体现了智育的要求。同时，从服装的选择到动作的编排，再到标语的设计，每一个细节都蕴含着美学考量，实现了美育的渗透。

华迈将"心新教育"与"五育融合"理念巧妙融合于"开学第一课"，但这仅仅是起点，而非终点。"五育融合"旨在全面渗透于教育的每一个环节，它不拘泥于形式与时间，而是深度融入学校教育的全过程，从课程到课堂,从班级到学校生活的细微之处。这种融合,使"五育"成为学校师生日常不可或缺的一部分,无处不在,无时不有。它源自"五育",却又超越了"五育"本身,展现了教育的全新面貌。

第四章 学生成长:解答育人目标的教育根本

第三节
家校共育的心新尝试

苏霍姆林斯基曾说："没有家庭教育的学校教育和没有学校教育的家庭教育，都不可能完成培养人这样一个极其细微而复杂的任务。"可见学校教育和家庭教育两者合力的重要性。

在孩子的成长道路上，父母作为首任导师，其影响力是最为深远且具有决定性的。然而，当前中国家长在教育观念和方法上尚存不足，导致许多孩子在不当的家庭教育中承受了不必要的痛苦。

尽管越来越多的人开始意识到家长在教育中的关键作用，但仍有不少中国父母固执地认为，培养孩子的智力、知识、品德、个性和心理等任务，应全权交由学校负责。这种观念忽视了家庭教育的独特价值和重要性，也忽略了父母在孩子成长过程中的不可替代性。

我曾经邀请北京著名教育专家皇甫军伟莅临华迈做报告，他表达了一个我深表赞同的观点："一个小孩在成长过程中，受到的最重要的教育是他的家庭教育。老师是园丁，家庭才是土壤。"家庭，是人生最初的学校。在"家"这个成才的摇篮中，孩子们会先由双亲赋予"人"的身份，就好比一颗种子从家庭这片土壤中长出来。然后孩子们会接受来自家庭的教育，成长到一定的年纪，再迈出向外探索的步伐，走进学校成为"学生"，最后再由园丁浇水、施肥、剪枝。

家庭作为人生最初的学校，很难做到完美无缺，而家庭教育的缺失与不足，会长久地、深刻地影响学校对孩子的教育。立足于澄迈县当地，我们的办学之路确实面临过一些独特的挑战。相较于内地家长普遍积极参与孩子的学习过程，海南的许多家长在对待教育问题上有着截然不同的观念。他们往往秉持着一种"顺其自然"的态度，认为"学习天注定"，如果孩子天资聪颖，自然能够取得好的学习成果；而如果孩子在学习上稍显吃力，家长则往往认为不必过度强求，更不愿过多投入。

然而，这并不意味着海南的家长不重视教育。事实上，他们对孩子的教育投入同样不遗余力，甚至不惜倾尽所有，只为让孩子能够接受到更好的教育。但问题在于，他们往往缺乏科学的教育方法和有效的沟通技巧。他们与孩子之间的交流较少，与教师的沟通也存在一定的障碍，导致他们难以在教育过程中发挥积极的作用。

因此，海南的家长们往往将希望寄托于学校，认为只要将孩子送入优质学校，就算是完成对孩子的教育了。他们愿意为孩子的教育付出巨大的经济代价，但在如何助力孩子成长、如何与教师有效沟通等方面却显得力不从心。这种教育理念虽然体现了家长们对教育的重视，但也在一定程度上制约了孩子的全面发展。

于是，我们从家访做起，开始对海南的家庭教育进行"华迈尝试"。招生季来临，华迈招生小组的老师们不辞辛劳，深入学生的家庭进行家访，耐心与家长沟通招生事宜，并强调选择优质教育的重要性。有些家长为了生计，深夜才能下班回家，而我们的老师在下午时分抵达村庄后，会耐心等待至十一点，只为能与家长说出这推心置腹的一句话："孩子教育事关终身，不要在村口随便选一所学校就草草了事。"

尽管大多数情况下，家访的老师都能受到家长的热情接待，但仍有部分家长表现得相对冷漠，他们选择用沉默来表达对华迈的否定。然而，我们的老师从未因此而气馁，一次沟通不够，便再去第二次，今日未能达成共识，明日再续前话。多年来，他们始终坚守着这份执着与责任。

要想从本质上改变家长的想法，我认为是不太可能的，但是我们可以尽自己的最大努力，为学生们创造一个更加健康的、和谐的、有利于成长的、比原来更好的家庭氛围。这就是我们提出的"不单教育孩子，还要教育孩子背后的家长。"

家访的要求也落实到了日常教育工作中。如今，华迈的每一位老师在一学期内，至少要走进五位学生家庭进行家访，加深对学生家庭背景、成长环境及个人情况的理解。通过面对面的交流，老师与家长沟通学生在校的学习进展、行为表现及潜在问题，能够共同为学生的全面发展提供支持。家访还是建立良好师生关系和家校关系的重要途径，它能够增强家校之间的信任与理解，从而促进学生的身心健康，确保他们在学业、情感及社交各方面都能得到适当的关注与引导。

王同学就曾是需要老师重点关心的学生之一。由于缺乏家庭关注，她形成了敏感的性格，难以与同学相处，经常躲在厕所里，也不愿意参加班级集体活动。

班主任老师心急如焚，在与同学、任课老师充分沟通后，这位班主任敲响了王同学的家门。在家访过程中，老师本着关心和理解的态度耐心与家长沟通，倾听他们对孩子的无奈和困惑，临近告辞前，老师还根据王同学特殊的情况，与家长一起制定了日后具体的改进措施和行动计划，并约定好定时电话回访，充分掌握孩子的情况。家长激动得握住老师的手："华迈的老师不仅仅是'教书先生'，还是充满责任感的'治病医生'啊！"

在班主任长久的关怀和家人的开解下，笑容又回到了王同学脸上，她开始试着主动加入集体，积极参与班级活动，与同学们共同学习、嬉戏，那个曾经孤僻的身影如今已融入了温暖的大家庭，展现出了前所未有的活力与自信。

在教育方式的不断演进下，家庭结构、亲子关系也在不断发生变化。学校需要适应并为家长提供更多的支持和指导，共同为孩子的成长创造更好的条件。那么，应该如何为亲子关系提供助力？华迈通过家校共育开放日，给出了自己的答案。

起初，这一活动仅在学期中和学期末举行，但随着华迈对家校共育的重视程度不断提升，它逐渐发展成为贯穿整个学期的固定活动。

"家校共育开放日"对学校、对学生、对家庭都有着深远意义。它不仅是一个简单的展示日，更是一个深化家校理解、促进情感交流的平台。在这一天，学生们以学校主人的身份，满怀热情地向家长们敞开心门，这种角色的转换让学生们感受到了新奇感与责任感，家长们则通过参观教室、实验室等场所，亲身体验了孩子们日常的学习环境与教育资源，从而对学校的教育理念、教学方法有了更直观、更深入的了解。"暴走华迈龙"亲子游戏、"感恩父母心"亲子晚餐、你画我猜、亲子合唱……活动内容丰富多样，精彩发言感人肺腑。"家校共育开放日"作为华迈中学家校共育的精华所在，加深了家校之间的理解与信任，也为学生们提供了一个展示自我、坦诚表达的宝贵机会。家长们通过参与活动，不仅更加全面地了解孩子的兴趣爱好、特长优势的基础上，还深切地体会到孩子们珍贵的孺慕之情，我认为，这是"家校共育开放日"带给家长的无价之宝。

家校共育亲子互动活动

在华迈的家校共育方针下，家长能直观地看见自家孩子来到华迈之后发生的巨变。曾有家长跟我反映："想不到我的孩子到华迈才一两年，就变了个样。"海南的家长有个习惯，就是在孩子获得提高以后，会不断地向别人炫耀。这种骄傲与喜悦会蔓延到社会上。慢慢地，澄迈乃至整个海南的家庭教育风气也会改变。这就是华迈为学生家长带来的一些变化，也是我们为海南家校共育事业提供的一些粗浅参考。

第四节
全方位创新的学生评价

学海茫茫，评价当多元。不以分数论英雄，而以全面发展为宗。观其文，则才情横溢；察其行，则德行兼备，且能勇于创新，善于协作。故为师者，当以慧眼识珠，因材施教。

正如教育家霍华德·加德纳在其多元智能理论中强调的："智力不是单一的、可量化的实体，而是一系列相对独立、各具特色的能力组合。"在当今教育改革的浪潮中，中学教育评价体系正经历着一场深刻而必要的转型，从单一的成绩导向逐渐迈向全面、多元的评估体系。

2020年10月，中共中央、国务院印发了《深化新时代教育评价改革总体方案》。该方案提出"促进学生全面发展的评价办法更加多元"的改革目标。这一目标旨在构建更加全面、公正、有效的学生评价机制，以适应新时代对人才培养的新要求。

回顾海南省以往对中学生的要求和评价，存在一定的局限性：

首先，倾向于主观评判。教师的主观因素导致结果不一致，受个人偏好和情绪影响，忽略学生多样性与个别差异。

其次，偏重结果而忽视过程也是弊端之一。过往基础教育偏重学业结果性评价，这导致学校忽视学生日常学习过程，错过利用即时反馈和持续评估来促进学生个人成长的机会。

另外，缺少客观数据支撑，同样使学生评价扁平化。在评价依赖于主观判断或定性描述时，评价结果会受偏见影响，缺乏可量化和可比较的数据基础，难以客观地生成确切评价。

如何采取更全面、更立体的方式评估学生学力和品德？华迈在这一点上颇费功夫，通过对心新教育理念的深入探讨与实践经验的总结，最终我们决定将学生评价体系与心新教育理念结合，并通过科技加持和激励政策，形成"五育融合"的立体评价体系。

01 学生表现量表化

为让学生日常成长有迹可循，华迈设计了"学生日常行为的评价量表"。该量表又具体划分为"课堂行为评价表""社会规范评价表"和"个性特长评价表"三种反映学生不同方面表现的量表。

课堂行为评价表，主要通过记录学生在课堂上的多元表现，反映其课堂参与度，进而为教师教学提供精准反馈。该表内容涵盖了课前准备、课堂参与、专注度、笔记质量、分析能力、知识揭示、自我及他人评价、学习设计、课后反思与总结、阅读习惯、课堂发言、板书演示、同学间互助、对班级的贡献以及自我评价等多个维度。

填写机制也充分体现了华迈管理的精细化与人性化。由值日班长负责记录具体科目下每位学生的课堂行为，包括姓名、根据行为表现给予的加减分值以及课堂相关事件，既保证了记录的即时性，又增强了学生自我管理的责任感。科任教师则提供班级整体行为的概括性评价，分为A、B、C三个等级，有助于教师从宏观角度把握班级学习氛围与效果。加减分制度设定在每人每节0.5至1分之间，鼓励同学们在课堂上积极发言。

记录表的流转程序，充分彰显了学校在教育管理上的有序性和体系化。每日统计后，表格需提交给班主任，班主任每周进行存档，并于每月汇总至年级部，这样的信息流通机制确保了数据的连续性与可追溯性，为教师调整教学策略、家长了解孩子在校表现，以及学生自我反思提供了翔实的数据支持。

通过这样一张小小的记录表，学校不仅实现了对学生课堂行为的精准记录与反馈，更深层次地，它反映了学校对于促进学生主动学习、加强师生互动、营造积极向上班级氛围的深远考量。这种以数据驱动、过程导向的评价方式，鼓励学生全面发展，同时也为构建更加科学、公正、有效的教育评价体系奠定了坚实的基础。

社会规范评价表，悄然规范着学生们的日常行为，潜移默化地提高了孩子们的品德修养。这份表涵盖了班级、姓名以及一系列具体的社会规范指标，包括仪表整洁、礼貌待人、迟到情况、诚信品质、作弊行为、逃课情况、公共秩序、节约粮食、体操与眼保健操的参与、早起、午睡、晚睡、爱护公物、生活自理能力、助人为乐精神、参与公益活动、社交技能、情绪管理等多个维度，多角度地评价并引导学生形成良好的行为习惯和社会责任感。

之所以设计社会规范评价表，我们的考量在于：首先，通过细化评价指标，不仅关注学生的学习成绩，更重视其品德与行为规范的培养，体现了全人教育的理念。

其次，表格由值周班级、德育处、校务办公室及食堂管理处等多部门联合填写，确保了评价的全面性和客观性，同时也加强了各部门之间的协作与沟通。每周五午休时统一提交至德育处，这样的流程设计既保证了评价的时效性，又便于学校及时汇总分析，为后续的教育决策提供数据支持。

通过这样的评价体系，学校期望每位学生都能在日常的点滴中积累正能量，逐步成长为具有高尚品德、良好习惯和社会责任感的新时代青少年。

个性特长评价表，正在成为挖掘学生潜能、促进学生个性化发展的重要凭证。在全面记录学生们在音乐、美术、体育、劳动、电子、编导等多领域的个人成就时，还详细列举了学生在国家、省、市、县、校、班等不同级别获得的荣誉，以求详尽展示学生的个性特长和综合素质。

记录学生课外兴趣的个性特长评价表，不仅是对学生传统学业成绩的有益补充，更是对学生个性化发展的高度重视与积极回应。通过鼓励学生主动申报个人兴趣领域及所获奖项，并提交相关资料进行佐证，这一过程激发了学生的自我认知与自我展示欲望，促进了学生自主发展能力的提升。而由班主任、相关教师及考核委员会共同据实填写的机制，则确保了评价的公正性、专业性和权威性，既避免了单一评价的主观偏见，又为学生提供了全面、客观的个性化发展指导。

此外，该评价表的实施还有助于学校构建更加多元、开放的评价体系，为学生的全面发展提供有力支撑。我们在分析评价表数据的同时，发现学生的特长与潜能，进而为他们提供定制化的教育资源和成长路径，同时，也为教师因材施教、提高教育教学质量提供了重要参考。

02 校园表现数据化

教育数字化转型的浪潮为学生评价改革提供了强大的技术支持和实践平台。我们身处其中，既是这场变革的见证者，更是积极的参与者。华迈积极拥抱数字变革，将先进的数字化工具和理念融入学校教育，从五育融合的角度出发，构建了一套智能化的评价体系，科学、精准、客观地记录孩子的成长过程。

在"5G+AI教育"方面，华迈中学完成了智慧课堂、智慧安防、教育管理、学生评价等场景的基本建设，显著提升了5G对教育教学改革的支撑服务能力。智慧课堂分析报告分为学生报告、教师报告、班级报告、年部报告等多个维度，全面覆盖了教学管理的各个方面。其中，学生报告为学生个性化成长提供了详细的分析数据，助力教师根据每个学生具体的个性化资料进行因人制宜的教学。

在评价过程中，华迈也充分发挥学生在评价中的主体作用。通过自我评价、生生评价、小组评价、师生评价等多种方式，让学生充分参与评价过程，了解自己的优缺点，增强自信心和自主学习能力。这种多元化的评价方式，不仅促进了学生的全面发展，还增强了师生间的沟通与理解。例如，在智慧课堂的应用中，系统可以有效统计每堂课的课堂类型、讲练比例、学生响应数据等，为各个学科的教研改进提供有力数据支撑。同时，系统每周给班主任的报告中详细统计了全班每名学生的各学科课堂表现，极大地增强了班主任的班级掌控力。此外，系统还会将学生的数据与往期表现进行对比，及时发现变化趋势，为学生的个性化培养提供依据。

苏霍姆林斯基曾说："从我手里经过的学生成千上万，奇怪的是，留给我印象最深的并不是无可挑剔的模范生，而是别具特点、与众不同的孩子。"通过"校园表现数据化"，华迈学生的多元化发展得到"显性证据"，这些数据不仅记录了学生在学业上的进步，更展现了他们在创新、艺术、体育、社会实践等多方面的成长轨迹。

一个平时在考试中表现平平的学生，可能在科技创新项目中展现出非凡的创造力和团队协作能力。这样的特质在传统评价体系中往往难以被充分认可，但借助数据化手段，这些"与众不同"的闪光点被清晰捕捉，让每个学生都能在自己擅长的领域得到肯定，从而进一步激发他们的潜能和自信。

03 学生进步激励化

激励体制对于中学生而言至关重要，它不仅是推动学生持续学习、积极向上的重要动力，更是塑造学生健全人格、培养全面发展的关键所在。

为实现我校"为师生卓越发展铺路，为师生幸福人生奠基""让学生有获得感、成就感"的办学宗旨与使命，引导学生正确全面地认识自我，为每一个学生创造均等的成长、成功、成才机会，我们订立了螺旋进阶评价激励方案，培育"华迈之星"。

华迈着重考查学生的道德素养、学习态度、学习能力、艺术特长、运动健体、习惯养成、书香素养、自主管理等八个方面，将评价内容形象地化为"星"，"星"共分为文明之星、勤奋之星、智慧之星、艺体之星、书香素养之星、安全之星、劳卫之星、实践之星这8个个人奖。

"文明之星"着重考查学生的道德修养。当他们展现出对《中学生守则》及《中学生日常行为规范》的自觉践行，自觉遵守法律法规和学校的规章制度；热爱学校、集体；有极强的集体荣誉感，在社会和其他场合能维护学校荣誉；有公德意识，爱护环境，讲究卫生，不乱扔垃圾，不损害公物；积极参加班级日常和学校服务性劳动；尊敬师长，团结同学，宽容待人，乐于帮助他人；诚实守信，言行文明，虚心接受批评，自觉改正错误时，他们就是我们需要的"文明之星"。

"勤奋之星"要求同学们学习刻苦努力，勤学好问。课堂上能积极配合老师进行课堂活动，能按时完成老师布置的课内外任务，帮助班级积极构建高效课堂和学习小组。

"智慧之星"看重学力提升。上课认真听讲，积极思考，大胆发言，善于与同学交流合作，勇于创新；认真完成各科作业，书写整洁，正确率高，能及时订正作业中的错误；能将课内学习与课外实践有效结合，具有灵活的学习方法，学习效率高，学习兴趣浓；平时学科成绩和期末考试各学科成绩优秀的学生，是"智慧之星"的标准模板。

"艺体之星"的选择，偏向于积极参加学校组织的各类艺体活动的学生，他们有较强的组织实践能力，积极参加班级学校组织的劳动实践、社会实践，在各项艺体比赛中表现突出，为学校和班级争得荣誉。

"书香素养之星"能够自觉遵守学校规章制度和一日常规，并能在班级起模范带头作用。他们品德良好，行为端正，能自觉坚持进行晨读、习字、阅读，并积极演讲展示，积极参加学校、班级组织的各项公开演讲展示；热爱阅读，语言表达力强，在高效课堂构建和实效德育中有积极参与并表现出色，在学校、班级组织的各项活动中表现突出。

"安全之星"关心班级财物、用电、活动、同学安全；热爱生活、珍爱生命；关心饮食安全、交通安全、环境安全、国家安全。

"劳卫之星"有良好的个人卫生习惯，并能够主动承担、参与教室、宿舍劳动卫生工作，在各项卫生评比活动中表现突出。

"实践之星"则积极参加社会实践活动，表现优异，实践成果优异。

个人奖的意义不仅仅在于肯定优秀学生的行迹，更在于树立学生榜样。所以在诸多个人奖项评选之外，华迈还利用"螺旋进阶评价激励方案"综合量化评选出"华迈之星"，通过榜样示范，将抽象的道德规范具体化、人格化，以生动具体的典型形象影响学生心理。

介绍"一日校长"抽中幸运红包的同学

我们出台基于"五育并举"的立体评价体系和人人可行、天天可为、阶梯进步的"筑梦争章创优夺杯"评价激励方案,通过构建一个多维度、多层次且逐步深入的评价体系,将知识掌握、技能提升、情感态度及价值观等多方面纳入考量,结合学生日历、班级日记、学生周记、"课堂行为"评价表、"社会规范"评价表、"个性特长"评价表、AI课堂智慧系统测评表、学生学期综合素质评价表、《学生一日常规》《华迈行规表现分评定细则》等数据,不仅关注学生的学习成果,更重视其在学习过程中的进步。

　　在这种强调个体差异,注重过程性评价的评价方案下,学生得以持续性地全面发展。同时,少而精的奖章、奖杯、雕塑等会让未获奖的同学心生向往,从而模仿、学习"华迈之星"的言行举止,达成我们榜样带动的目的。

　　通过多元化的正向激励,我们积极引导学生内驱力的塑造。从"知道(认知)—做到(行为)—成为(态度)"的完整闭环,学生成长内驱力被充分激发,我们创立多元化评价体系的目的也就达成了。

第五章

课程体系 尊重个性，关注全体

建设高质量教育体系、创新育人方式的最终落脚点在课堂，只有在课堂上将"四新"改革紧密结合起来，围绕"立德树人"根本任务开展教学，才能让核心素养真正落地，促进每个学生的全面发展、个性发展和终身发展。这是当前学校教学改革的核心课题。

　　作为知识的精密集成，课程体系涵盖了学科课程设置、教学模式、人才培养等多个维度，其发展水平直接反映学校的层次，并深刻影响着教育教学的整体质量与水准。在心新教育思想的引领下，华迈中学通过对教学内容的重构与教学方法的改进，铸就了华迈独一无二的教学品质。

第一节
守住立校之本，践行国家课程

课程，是由一定的育人目标、特定的知识经验和预期的学习活动方式构成的，蕴含着丰富、基本而又有创造性与潜质的一套计划与设定。它是国家意志的体现，是育人的载体，是高质量实现学校育人目标，凸显学校特色文化及教育价值追求的重要保障。

从开发主体来看，基础教育的课程结构分为由国家制定的国家课程、由地方教育行政部门制定的地方课程和由学校特色化表达的校本课程组成，三者在课程结构中有着各自的性质、地位和功能。国家课程，承载着国家的教育意志和普遍标准，由权威机构统一制定，它体现了国家对基础教育的总体规划和基本要求，是保障教育质量、促进教育公平的关键所在；地方课程与校本课程则充分展现了各地区、各学校的特色和文化底蕴，彰显了地区或学校的个性化教育理念和创新精神，是学校教学的重要组成部分。

诚然，地方课程与校本课程更能体现学校的特色和优势，也更利于为学生提供更多样化、个性化的学习体验。但是，我们必须清醒地认识到，校本课程仅是对国家课程的一种有益补充和拓展，而非取而代之。国家课程在教育体系中依然占据主导地位。

01 做好学科类课程"家常菜"

如果把学校比作一家餐馆，那么国家课程就是这餐馆里的家常菜。或许家常菜不如地方特色小吃那般吸引人，也不如精致宴席菜肴那般令人惊艳。但我要说，正是这看似普通的家常菜，构成了餐馆的根基，是吸引食客、满足味蕾的关键所在。家常菜之所以被称之为"家常"，是因为它承载着家的味道，简单而质朴，却又不失风味。正如国家课程，它涵盖了基础知识、核心技能和价值观，是每一个学生成长的必需品。一家餐馆如果连最基本的家常菜都做不好，又怎能奢望食客们对其心服首肯呢？

关于国家课程的主导性，中外教育领域不乏讨论，在杜威的著作中，他专辟一节来探讨"国家的教育和社会的教育"，明确主张教育应"维护国家主权……并服从国家的最高利益"。他认为，社会效率的本质即要求个体对于国家利益的遵从。这一观点凸显了教育在捍卫国家主权、维护国家利益方面的基础性和重要性。基于对国家利益的考量，并结合学生成长的自然规律和特点，美国在1983年的教育改革中提出了核心课程的概念：要确保"所有中学生在最后4年中，都能扎实掌握'五门基础学科'"，以此作为他们成为合格中学生的必要条件。美国教育的"新五基"就构成了现代课程的核心架构。

将视野拉回国内，2014年《教育部关于全面深化课程改革，落实立德树人根本任务的意见》中提出："研究制订学生发展核心素养体系和学业质量标准。要根据学生的成长规律和社会对人才的需求，把对学生德智体美全面发展总体要求和社会主义核心价值观的有关内容具体化、细化，深入回答'培养什么人、怎样培养人'的问题。"践行社会主义核心价值观、贯彻立德树人的教育使命，必须贯穿在所有课程中。既需满足社会层面对人才的迫切需求，又需兼顾个人层面全面发展的实际需要。而国家课程则应当成为中流砥柱，引领课程与教学的价值导向。特别是道德与法治（思想政治）、语文、历史等科目，它们承载着更为鲜明的价值导向，关联着民族团结、国家主权、国家利益等政治认同的问题，也关联着中华优秀传统文化的传承、革命传统的弘扬，以及社会主义先进文化的认同与创新。

华迈中学为体现"五育并举"的指导思想，严格落实国家课程所含科目（必修）。包括语文、数学、外语、思想政治/道德与法制、社会、历史、地理、物理、化学、生物、技术、艺术/音乐/美术、体育与健康、劳动、综合实践活动等课程。

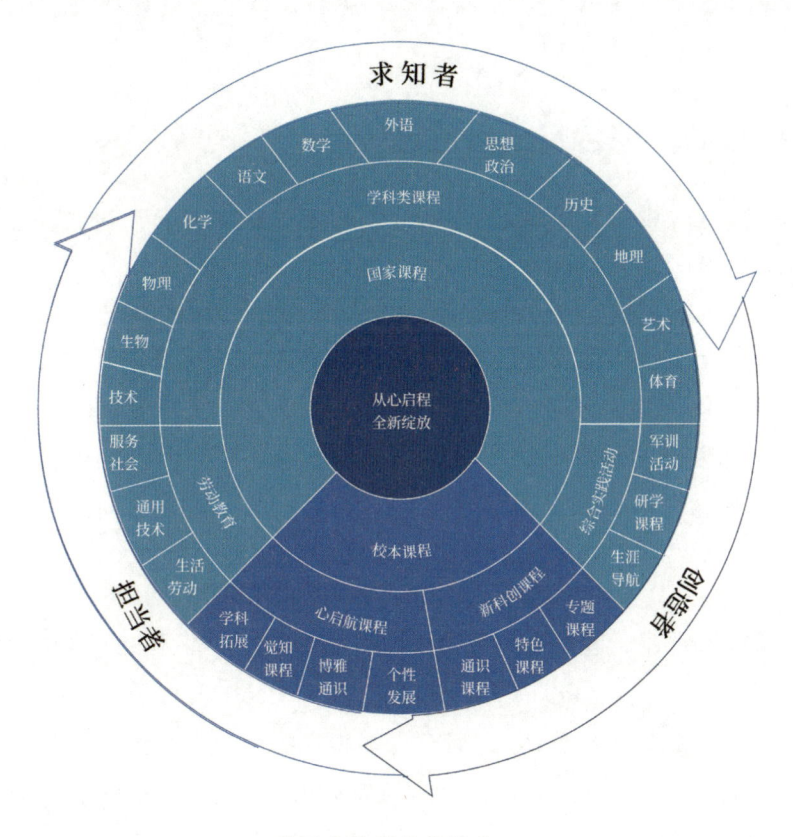

华迈中学课程总谱系

自2022年历经三次中、高考以来，华迈中学让海南看到了节节攀高的教学成果：三年中考有三次总平均分位列全省第一名；高分率一次位列全省第三名，两次位列全省第一名；三次中考综合指标（包括高分率、优秀率、良好率、及格率、低分率、平均分、升入省一级学校学生数比率等）均位列全省第一名。三年高考有三次总平均分位列全省前十名，最好名次位列全省第四名；三年本科率达100%；特控率（原一本率）最高达95.32%。这一显著成绩，无疑是对华迈中学坚持国家课程为主导，全面深化课程改革策略的肯定。

当然，我们也不能忽视"家常菜"在不断创新和进步中的价值。随着时代的发展和社会的进步，人们的口味和需求也在不断变化，"家常菜"也需要不断地更新和改进，以适应食客们的新需求。同样地，国家课程也需要与时俱进，不断调整和完善，以便更好地服务学生的成长和发展。

02 劳动、综合实践再反思

虽然海南基础教育与内陆学校的基础教育尚有差距，但二者目前可以说都面临着同一个教育难题：劳动和综合实践教育的短缺。

在当今社会，我们不难发现，许多中学生仿佛被书本筑起的高墙紧紧围困，他们的生活世界日益变得单一而狭窄。这些学生，往往能够熟练背诵复杂的公式、历史事件，流利地用外语交流，但当面对最基本的生活自理时，却显得手足无措。洗衣做饭、整理房间，这些看似简单的日常技能，成了他们难以逾越的"高山"。

劳动和实践，这是人类最质朴的生存方式，却在不少中学生的生活中悄然缺席。他们鲜少有机会亲手栽种一株绿植，体验生命的成长；更少有机会参与家务劳动，理解责任与担当的重量。理论与实践的脱节，不仅让青少年的成长之路显得空洞而乏味，更在无形中削弱了他们未来适应社会的能力。毕竟，生活不仅仅是解方程和写作文，更多的是在风雨中站稳脚跟。

面对这样的实际情况，我们需要转变教学方式，将课本上的知识点与学生的实际生活紧密结合，而非生硬地灌输在他们的脑海里。因为这样的灌输式教育无法真正解决根本问题，更无法培养出具有创新精神和实践能力的学生。

正如我们所知，国家课程中除了学科类课程外，还包括劳动教育和综合实践活动。这两类课程虽然不纳入考试，但它们对于培养一个完整的人来说却尤为重要。它们提供了让学生亲身实践、探索学习的机会，使他们能够更好地理解知识、掌握技能，并培养出独立思考和解决问题的能力。

心新教育是对心灵的滋养与塑造。课堂的表现、分数的高低，固然是即时反馈的衡量标准，但绝非衡量学生未来走向的唯一尺度。真正的教育一定是一种长期能力的培养，尤其是在面对困境时，如何迅速调整心态、勇敢面对问题从中汲取经验、自我完善，进而快速适应新的学习阶段，这种适应与自我提升的能力才是教育的关键所在。

华迈的学生们，虽然起点稍显薄弱，但他们的努力和坚持我都看在眼里。学校位置处在澄迈县老城镇，招生的多数学生都是周边乡镇的，因此他们半个月才能回一次家与家人团聚，其余时间则全身心投入学习。即便是午餐排队的片刻，他们也不忘手捧书本，孜孜不倦。然而，即使付出了如此多的努力，成绩的提升也因人而异，一些孩子收获和付出的努力不对等，凌晨时分偷偷躲在宿舍里哭。这样的压力与挑战，即便是成年人也难免感到力不从心，更何况是这些年轻的孩子们。

因此，我们在教授书本知识、应试技巧的同时，更要注重对学生能力的培养。这种能力不仅包括解决问题的能力，更包括面对挫折时的坚韧与毅力，以及从失败中快速恢复、再次出发的勇气。这样的教育，才能真正为学生的未来奠定坚实的基础。

拿初中来说，对于每一位学子来说，都是一个新的起点。初中知识的难度固然有所提升，但更为显著的是知识体系的广度与深度。从原先小学的三门核心学科，扩展到初中的七门主科——语文、数学、英语以及其他四门学科，这种质的飞跃要求学生必须更加系统地规划和掌握学习内容。在这一阶段，培养学生的重点应当放在提升他们的规划学习能力、时间管理能力，以及面对挫折和困难时的心理调适能力上，如何高效地完成这七门科目的作业，如何深入理解和吸收每一个知识点，都对他未来学习及生活产生重大的影响。更重要的是，我们需要引导他们关注个人素养的提升，学会深入思考问题，而不仅仅停留在表面。

这样的培养方式，不仅能够助力他们在初中阶段取得优异的成绩，更为他们未来的学习和生活奠定坚实的基石。因为随着知识难度的进一步提升，特别是在高中阶段，一些学生可能会遭遇知识层面的巨大挑战。那些在初中时能够取得高分的学生，到了高中面对更高的满分标准和更复杂的知识体系时，可能会面临成绩下滑的困境。此时，若没有强大的内心和自我修复的能力，他们很难跨越这一知识断层。

同样地，许多孩子在初中阶段首次体验住校生活，这也是他们首次步入真正意义上的集体生活环境。面对这样的转变，他们需要逐步掌握独立生活的各项技能，如自主洗衣、整理床铺、规律饮食等日常细节。对众多孩子而言，这是他们迈向独立生活的第一步，需要时间去自我调适。除此之外，孩子们还需学会与室友融洽相处。在集体宿舍里，每个人都拥有自己独特的生活习惯和个性特点。因此，他们需要学会尊重彼此的差异，理解并包容不同，尝试通过发现共同的兴趣点和话题来增进彼此的了解，从而建立深厚的友谊。

心新教育理念的引领，始终聚焦于为学生的终身成长与发展奠定坚实的基础。诚然，在面临如高三或初三等关键阶段时，我们可能需要短暂地聚焦于更为紧迫的教学策略，以确保学生能在短时间内取得显著的进步。然而，在华迈教育的长河中，我们始终将学生的长远发展置于首位。我们特别注重通过精心设计的课程和活动，引领学生的成长与发展。这种持续不断的引领和关注，我相信，将为学生们带来更为全面和深远的发展，为他们未来的道路铺设更为坚实的基石。

第二节
巩固立人之基，创新校本课程

马克思和恩格斯曾经指出："一切划时代的体系的真正的内容都是由于产生这些体系的那个时期的需要而形成起来的。"教育中的课程设置，本质上是对社会需求和对个体发展的呼应。

不同地域的教育环境和发展需求，会导致课程的价值取向呈现出不同的特色。这种差异不仅反映了课程价值取向的多样性和灵活性，也彰显了教育对时代变迁和社会发展的敏锐洞察与积极应对。因此，校本课程的设计要守正创新，这里的"正"寓意着教育的核心与本质，必须坚守国家的教育方针和我们的教育原则，这是我们的根基，是我们永远不能背离的；"新"则寓意着不断追求卓越，力求达到完美的境地。

华迈的校本课程以心新教育的落地支撑为出发点，指向培育"从心启程，全新绽放"的未来建设者，学校从"心"与"新"两个维度构建校本课程体系，形成"心启航"课程与"新科创"课程。

01 心启航：个性需求下的自主选择

"心"即心新教育的"心"，在这里代表着学生的内心世界、情感、态度和价值观，"心"也象征着教育的用心和关怀。而"启"意味着开启、启迪和启发，"航"代表着航行、远航和旅程，寓意着在知识的海洋中扬帆起航，引导学生探索未知领域，发现自我潜能。

相比于传统课程，心启航课程中给予了学生更多的选择权，他们不再是被动的接受者，而是成为主动的参与者。华迈的孩子可以根据自己的兴趣和特长，选择自己感兴趣的课题进行深入研究。这种自主选择的学习方式，让他们在学习中找到了乐趣，也让他们更加珍视自己的选择，更加努力地追求自己的目标。

在澄迈的这几年，我能明显感觉到海南教育层次差异十分明显。海口和三亚作为城市化的先行者，其教育水平相对较为先进；而各县市的教育则因家庭背景、资源分配等因素而呈现出不同程度的滞后。特别是在小学和初中阶段，许多孩子面临的教育环境并不完善，导致他们在语言表达、自我认知等方面存在不足。有些孩子甚至因为家庭教育的缺失，在入学后暴露出各种问题。

为了应对这些挑战，华迈中学在"心启航"课程的设计上力求全面而深入。心新教育关注孩子的心理健康、人际交往能力、社会适应能力以及语言表达和个人发展等方面，通过丰富的课程内容和实践活动，我们鼓励孩子们积极参与，发掘自己的兴趣与专长。无论是书法、体育还是科技等领域，我们都力求让孩子们找到属于自己的舞台，并在此过程中获得成长和进步。

华迈所设立的心启航课程，独具匠心地融合了"自我觉知、博雅通识、个人发展与学科拓展"四大类核心课程，旨在全方位地培养学生的综合素质和创新能力。

"自我觉知"课程，这是一段心灵深处的探索之旅。它鼓励学生从内心深处出发，深入挖掘自我，去感知、去体验、去认识自己的内心世界。学生们在这里学习如何准确捕捉自己的感受，发现自己的兴趣所在，明确自己的价值观念和优势特长。这门课程不仅为学生建立了坚实的自我认知基础，更在无形中培养了他们在面对挑战和困难时，能够坚定信心、勇往直前的能力。让学生们在人生的道路上，成为自己命运的主宰。

"博雅通识"课程，为学生们打开了一扇通往广阔知识世界的窗口。

这门课程涵盖了人文、社会、自然等多个学科领域，旨在拓宽学生的视野，让他们领略不同知识领域的魅力。通过学习，学生们将掌握不同学科领域的主要方法和技巧，提高文化素养、科学知识、文化理解、思辨能力和审美能力。这样的课程设计，让学生们在知识的海洋中畅游，同时也为他们培养了批判性思维和创造性思维，成为具备综合素质的复合型人才。

"个人发展"课程方面，我们充分尊重学生的个性、兴趣和特长。我们深入了解每个学生的独特之处，为他们量身定制了一系列个性化、多元化的课程。这些课程旨在帮助学生发掘自己的潜能，培养独特的兴趣爱好和特长，让他们在兴趣的驱动下，实现自我超越。这样的课程设计，为学生们的未来职业发展和社会适应能力奠定了坚实的基础。

"学科拓展"课程作为国家基础性课程的有力补充，致力于培养学生的实践能力和解决问题的能力。这些课程紧密结合现实生活，让学生在真实情境中运用所学知识，解决实际问题。通过实践操作和亲身体验，学生们不仅能够加深对学科知识的理解，更能够提高自己的综合素质和实践能力。这样的课程设计，为学生们未来的学习和生活做好了充分的准备，让他们在未来的道路上更加自信、从容地面对挑战。

目前，我们每周五为孩子们设置社团课，涵盖各类兴趣，学生可根据喜好选择。为保证社团的正常开展，全校拥有众多兼职教师，每个社团都有一位指导老师，并由学生担任社长。这些社团在丰富学生课余生活，培养学生兴趣爱好的同时，既能提升学生的综合素质、促进团队合作与社交能力，又能为学生提供展示自我、探索潜能的平台，助力学生全面发展。

如播音主持社团可以帮助学生了解播音主持方面的知识，丰富周末时光，以增强社团成员自信心和语言表达能力；生物种植社团可以带领社团成员种植瓜果蔬菜和植物花卉，提升社团成员的动手能力；无人机和编程社团，通过日常训练和参与各级别竞赛，点燃同学们的科技梦，激发他们探索科技、敢于创新的热情，让热爱科学的种子在他们心中生根发芽。初中设有算法班，对智力和数学培养有益，助力名校申请。此外，体育课改为自选模式，涵盖篮球、足球、舞蹈、乐器等，旨在发挥每个孩子的优势，我们称之为"体育超市"。同时，素质拓展课也为孩子们提供了展现自我的机会。

在华迈中学，心启航课程已经成为学生们心中一道亮丽的风景。未来，心启航课程将继续引领学生们从心出发，追逐自己的梦想；继续培养学生们的实践能力和创新精神；继续为学生们提供广阔的发展空间；继续见证学生们的成长和蜕变。我们相信在"心启航"的航程中每一个学生都能够找到属于自己的星辰大海，实现自己的人生价值。

02 新科创：地方与未来命题

创造性是人类智慧的高级形态，是思维的卓越体现。用"新"思想引领创造性学习，精心培育具备创造性思维与品格的杰出人才，这是心新教育重要价值之一。

教育要深深扎根于当下的教育土壤，更要敏锐地洞察并顺应未来的发展趋势。在这个科技飞速迭代的时代，人工智能、大数据、云计算等尖端技术正如浪潮般汹涌而来，为我们带来了前所未有的发展机遇，同时也提出了严峻的挑战。在全球范围内，科技创新正成为推动社会变革的强大引擎，引领着未来的前进方向。

在这一时代背景下，中国正坚定不移地推进全面深化改革开放的伟大事业。其中，海南自由贸易港的建设更是国家赋予海南的全新历史使命，它承载着国家的重大战略任务，是全面绽放海南特色的亮丽窗口。随着自由贸易港的全面开放，海南将迎来更多的发展机遇，成为国内外交流合作的重要桥梁与纽带，展现出无限的活力与潜力。

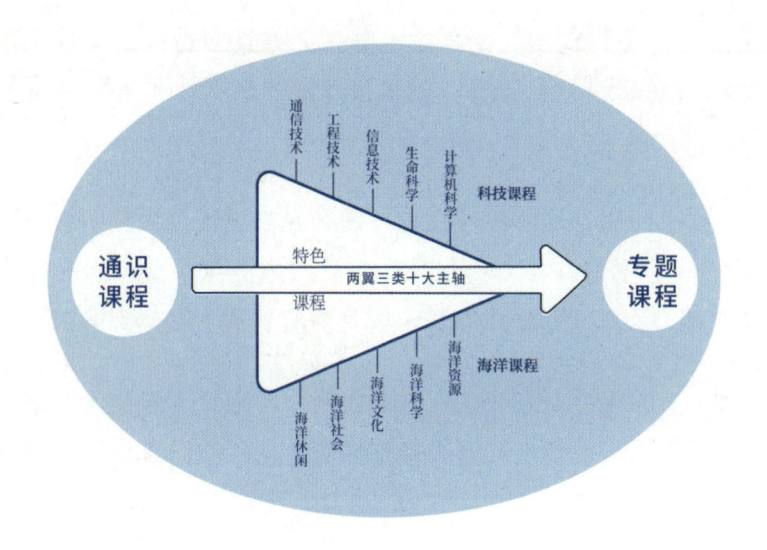

海洋与科技综合课程（IBST）图谱

华迈作为一所具有前瞻性的教育组织，深刻感知到时代发展的脉搏和认识到社会需求的变化。因此，学校在整体考虑学校特色品牌的创建和学生发展的需求时，将目光投向了"新科创"这一领域。为了培养具备创新精神和实践能力的学生，华迈中学聚焦"新科创"，构建了一套名为IBST（Integrated Biology, Science and Technology）的海洋与科技综合课程。

IBST课程精心整合了生命科学、信息技术、海洋科学等地球系统核心知识，构建出一个多元化、多层次的科技类和海洋类课程体系，分为"两翼三类十大主轴"。此课程设计旨在全方位培育学生对海洋的深厚情感，引导他们亲近、热爱、了解并探索海洋，同时涵养其海洋与科技的综合素质。通过学习，学生将学会尊重生命和自然环境，崇尚科学与技术，为海洋和科技的发展奠定坚实的基础。

IBST课程特别注重科学与技术的深度融合，强调批判性思维和创意思维的培养，以及探究精神和能力的提升。在科学领域，课程侧重于让学生掌握基础的研究方法和数据分析技巧；而在技术领域，则引导学生对前沿生物技术、工程技术等领域进行初步探索，旨在教授他们解决现实问题的基本能力。科学与技术并重，旨在培养出既具备科学精神，又掌握现代科技技能的复合型人才。

两翼："两翼"这一核心理念，是指我们学校在教育中强调的两大核心支柱——"海洋"与"科技"。这两大领域不仅是当前社会发展的重要驱动力，也是我们培养学生综合素质和未来竞争力的关键所在。

三类："三类"是指我们在教学实践中，根据学生的学习需求和成长阶段，循序渐进地推出的三类课程体系——"通识课程""特色课程"和"专题课程"。

"通识课程"是我们的入门课程，面向全体新生，旨在为学生提高基本的人文与科技素养，同时拓宽他们的知识视野。这些课程内容涵盖了人文、社会、自然等多个领域，不仅为学生打下了坚实的基础，也为学生后续的学习和发展提供了重要的支撑。

"特色课程"是在通识课程的基础之上，根据学生个人的兴趣爱好和发展需求，为他们精心打造的一系列具有选择性、多样性和融合性的课程。这五大主轴课程，以海洋和科技为核心，融入了丰富的实践元素和创新理念，旨在帮助学生拓宽视野、提升能力、激发潜能。学生可以根据自己的兴趣和特长，选择适合自己的课程进行学习，从而更好地发展自己的优势和特长。

"专题课程"则更上一层楼，是为高年级学生量身定制的一类深度探究类课程。这些课程以"海洋与科技"为主题，鼓励学生基于自己的个性特长和兴趣爱好，进行跨学科的深入学习和研究。通过这类课程的学习，学生不仅能够掌握更多的专业知识和技能，还能够培养主动思考、解决实际问题的能力，增强对社会的责任感和担当精神。

十大主轴："十大主轴"是一个涵盖广泛知识领域的课程体系，它精准地划分为海洋和科技两大主要类别,共包含十个独具特色的主题。这些主题不仅展现了海洋和科技课程的多元性,还致力于激发学生的探索精神和创新能力。

在海洋类主题中,五大主轴课程分别是"海洋休闲""海洋社会""海洋文化""海洋科学"和"海洋资源"。这些课程群旨在引领学生深入探索海洋的奥秘,从海洋的休闲方式、社会结构、文化特色,到海洋科学的前沿研究和资源利用,每一个模块都充满了无限的可能性和挑战。而在科技类主题中,五大主轴课程包括"通信技术""工程技术""信息技术""生命科学"和"计算机科学"。这些课程群聚焦于现代科技的最新发展和应用,为学生提供了学习先进科技知识的机会,同时也鼓励他们在实践中发现问题、解决问题,培养创新精神和实践能力。

整个"十大主题轴"课程体系共包含了40余个模块课程,这些课程既涵盖了传统学科的基础知识,又融入了前沿领域的最新成果,可以满足学生全面发展和个性发展的需要。通过这些课程的学习,学生可以在科技和人文两个领域得到均衡发展,形成自己独特的学术特长和兴趣爱好。

创新并非一蹴而就的奇迹,它往往需要长时间的积累与沉淀,正如诗句并非在梦中随意挥洒而成,商业帝国的崛起也非一夜之间能够实现,科学的重大突破更非仅凭一句"我发现了!"的惊呼声便能达成。事物的诞生与成长,往往是从无到有、从量变到质变的渐进过程,需要我们用心去发现、去实践,去创造。

心新教育一定要为学生提供丰富的"动手"机会。只要学生们心怀创意,学校便竭尽所能为他们提供所需的支持与资源,确保他们的想法得以落地生根。我们常教育学生,过量饮用碳酸饮料对健康无益,但其中的弊端究竟何在?孩子从书中寻找答案,想从溶液酸碱度角度去重新认识碳酸饮料,刚好学校配有3间宽敞明亮的学生实验室,配备精密高端的实验仪器和丰富多样的化学药品。于是一群志同道合的学生自发组织起来，利用这些专业设备，亲自动手测定碳酸饮料的pH值。在实验的过程中，他们直观地感受到了碳酸饮料的强烈酸性，这种亲身体验让他们的心灵受到了极大的触动。

诚然，众多教育工作者或许会产生这样的疑问："我们学校亦不乏实验设备，并且我们也积极向学生开放，但为何这些设备的利用率始终低下？"这样的困惑在许多学校中屡见不鲜，许多功能室虽已建成，但最终却沦为评优评先和应付领导检查的摆设。

此时，课程设置的重要性便凸显出来。人的天性中带有惰性，老师能在传统课堂讲清楚的知识，为什么要"舟车劳顿"地带学生去新功能教室？因此，我们必须精心设计课程来推动这一进程。为每位老师安排明确的课表，确保每周至少有一天，他们必须带领学生在功能室中进行实践学习。想实现理念的深度转化，一定需要课程的顶层设计作为有力支撑。通过系统的课程设置和有效的教学方法，我们能够将抽象的理念转化为具体的知识和技能，进而推动其在实践中的应用与发展。否则，所有的设想和计划都只能是空洞的口号，无法真正落地实施。

除了常规科创外学生们还有充足的舞台去感受科创的魅力：物理的马德堡半球实验，感受大气压的力量、牛顿管实验、真空罩、天女散花、库仑实验、电子感应圈模拟闪电的形成，洛伦兹力演示仪探究带电粒子在匀强磁场中的运动、探究流速和压强的关系，解释生活中的现象、麦克斯韦滚摆、太空车及传感器测体温和感受力的大小等活动。在化学的天地里，学生们同样展现了极大的热情和创造力。他们亲手制作了水果电池，见证了奇幻的"法老之蛇"实验，创造了令人惊叹的"大象牙膏"效果，并巧妙利用氧化还原反应在覆铜板上留下独特的印记。老师还引导学生们深入了解微生物发酵工程，他们亲手酿造了果酒、果醋，腌制了泡菜，甚至制作了酵素。

此外，学校还设有魔方竞赛、鸡蛋撞地球和仿真纸飞机大赛等。尽管当前的实验教学尚未纳入高考范畴，但这一系列活动，不仅能激发学生的创新思维与实践能力，动手实验、团队协作和项目研发，也丰富了校园文化生活，还为学生搭建起将理论知识转化为实际应用的平台，为未来培养具有创新精神和实践能力的社会栋梁奠定坚实基础。

秉持"整体规划，分步实施"的核心理念，围绕"科技"与"海洋"两大核心，我校对校本课程进行了系统的规划和构建。学校信息处充分发挥信息技术学科的专长，积极与中国电子学会海南分会、海南省科协、海南省人工智能协会、海南大学等本地高等学术机构及院校展开深度合作，借助其丰富的优质资源，共同推动学校的教育发展。

在这一框架下，学校成功打造了独具特色的"华迈创空间"和智慧校园新生态中心，为学生提供了一个充满现代科技气息的学习环境。如在海洋科创实验室中，学生们可以亲手进行海洋科学实验，探究海洋的奥秘；在机器人创空间，他们可以设计并制作属于自己的机器人，体验科技的魅力；在土木通用教室，他们可以通过模拟建筑项目，学习工程设计的精髓。

通过引入前沿科技，并结合海南自贸港独特的海洋文化特色，IBST 课程为学生搭建了一个广阔的学习平台。在这里，学生们能够在实践中探索知识的奥秘，在创新中锻炼自己的能力。

第三节
"让学引思"新教学

过去的人无法想象今天人们的生活。同样地，站在今日的时代节点上，我们也不应该被现有的思维模式所束缚，而要探索与追求教育事业迈向更高质量发展之路。

学校课程承载着社会对教育的期望。迈入 21 世纪之际，我国掀起了一场声势浩大的课程改革浪潮。早在 1998 年，教育部便制定《面向 21 世纪教育振兴行动计划》提出："实施跨世纪素质教育工程，整体推进素质教育，全面提高国民素质和民族创新能力。改革教育内容和教学方法，推行新的评价制度，开展教师培训，启动新课程的实验。争取经过 10 年左右的实验，在全国推行 21 世纪基础教育课程教材体系。"自此，课程改革不再仅仅停留在教育领域内部的探讨，而是被明确纳入政府行为范畴，新课程的推广与实施进入了一个自上而下、有序进行的崭新阶段。

2001 年，教育部印发《基础教育课程改革纲要（试行）》，我国新世纪基础教育课程改革的全面启动，这也就是我们常说的"第八次基础教育课程改革"，它旨在构建符合时代要求、适应学生发展需求的课程体系，推动教育教学的深刻变革。到 2012 年，当广西壮族自治区作为最后一个省份进入普通高中新课程实验行列，标志着全国范围内的普通高中新课程改革已全面铺开。

自党的十八大胜利召开，我国正式迈入了新时代的历史征程。在这一崭新的时代背景下，我们聚焦于"两个一百年"的宏伟奋斗目标，致力于发展素质教育，并全力培养能够担当民族复兴大任的时代新人。

正是在这样的前提下，2019年6月23日，中共中央、国务院颁布了《关于深化教育教学改革全面提高义务教育质量的意见》，明确指出要"严格按照国家课程方案和课程标准实施教学，确保学生达到国家规定学业质量标准""坚持教学相长，注重启发式、互动式、探究式教学""开齐开足开好国家规定课程，不得随意增减课时、改变难度、调整进度；严格按课程标准零起点教学，小学一年级设置过渡性活动课程，注重做好幼小衔接"……这是首次以党和国家最高名义，对持续二十多年的课程改革提出的明确要求，并通过2022年新修订义务教育课程标准和课程方案予以落实，最终由框架转化为全面而系统的教育改革蓝图。

回顾我国第八次基础教育课程改革，其初衷在于引进国际先进的基础教育思想，以期解决当时我国基础教育所面临的核心挑战。然而，在实际操作过程中，出现了课改方案制定者、中层指导者以及一线教师三者脱节现象。制定课程标准的高层虽然用心良苦，但中层指导者却常常感到无所适从，而一线教学老师更是感到迷茫和困惑。

所以国家才在教学观念和方略的顶层设计上创新探索，尤其强调对中小学生学习原理的深入研究与实践。通过这种方式，我们得以构建出符合我国国情和学生特性的基础教育学习思想理论，从而有效解决中小学课堂教育和教学中存在的种种问题。

一个国家的教育改革如此，一所学校亦然。在当前的教育浪潮中，如何基于时代变迁，孕育并深化具有鲜明学校特色的"新教学"模式，已然成为学校教学改革中不可或缺且至关重要的核心议题。这不仅是对教育理念的革新，更是对教学方法和手段的全方位升级，旨在培养出更适应未来社会需求的优秀人才：

调整教与学的关系。课堂要以学习者为中心，学生是学习的主体，教师是教学的主体，两个主体不能相互替代，不能以教师的"教"替代学生的"学"，也不能以学生的"学"替代老师的"教"。以"学"为主，也是在教师有效的规划指导之下的主动学习。

创新教与学的方式。变传统讲授式为探究式学习、体验式学习、跨学科学习、实践性学习、问题导向性学习。

从解答问题到解决问题。让学生"做事",需要学生在真实的情境中完成某项任务,把真实情境与任务背后的"真实世界"直接当作课程的组成部分,以实现学生的"真学习"。

五育融合,全面全科落实立德树人的根本任务。充分挖掘教材内容中"五育育人点",实行基于"五育融合"的整体教材解读和教学设计。

从华迈中学的实践角度出发,在心新教育的办学思想下,融会贯通后的新教学便是"让学引思"。

01 如何"让学"

"让学"即让学生成为学习的主体,让他们在时间和空间上充分体验学习过程,确保学习活动的正常进行和学习行为的真实发生。"让学"的特色是"让",古人注重礼乐,在先秦典籍中出现的"让"大多是用来表示谦让、退让的意思,如《尚书·尧典》:"允恭克让"。

但在教育指导下,"让"是有策略、有目的地引导。需要创设贴近学生实际的学习情境,让他们通过阅读、讨论、操作等真实任务,学会自主学习、协作学习和探究学习。同时,还要引导学生养成良好的学习习惯,保持积极的学习状态,掌握丰富的自主学习资源,积极参与学习活动的设计与实施。

我常说,"让学"要忍 —— 有气度地让,不能怕学生反应慢,也不能怕学生讲错;要准 —— 有目的地让,让学生做的事,都要贴近教学目标设计与实施;要顺 —— 有计划地让,要注意学生课堂活动的合理设计,符合认知规律;要活 —— 有艺术地让,注意课堂上偶发事件的分析和应对,及时调整"让"的形式和内容。

心新教育强调，"要培养学生深度自主的学习能力"。怎么培养？一个有效的方法是，在每次考试结束后，给予学生一节课的时间，让他们自己分析试卷，而不是由老师直接讲解。学生在这节课中需要独立思考，自我领悟。完成后，再提供一张试卷分析表，让他们根据自己的分析结果填写。这样的过程不仅有助于学生深入了解自己的学习情况，更是一种发现自我、认识自我的过程。

当学生完成自己的试卷分析后，再与老师进行交流和讨论。老师可以根据学生的分析情况给予反馈和建议，帮助学生明确下一步的学习方向。通过这样的训练，学生在三年的学习过程中会逐渐培养出自主学习的能力，变得更加独立和自主。实际上，许多问题的答案都是学生自己能够找到的，我们不必总是为他们代劳。通过这样的教学方法，我们可以帮助学生发现自己的潜力，激发他们的学习兴趣，从而培养他们的自主学习能力。

简而言之，让学的核心是课堂上的每一项活动都应尽可能地让学生亲自动手、动脑，确保他们的主体地位得到充分发挥。

02 如何"引思"

在"让学引思"的教学实践中，不仅要关注学生的主体地位，更要重视教师的引导和启发作用。"引思"就是要引发、引导、引领学生思考，在形式和本质上保证学生大脑处于积极的思维状态。这需要我们根据学生的认知水平，设计科学、合理、有价值的问题和任务，引导他们通过研究、分析、解决问题的过程，逐渐形成稳定的思维方法和价值观。在引思的过程中，既要讲究规范，科学地引导学生的思考方向，遵循思维规律，让学生主动发问并带领学生分析问题，引导学生沿着清晰的路线拾级而上；又要讲究艺术，智慧地提问和点拨，能够启发学生思维，由表及里，由此及彼；更要讲究生成，要善于倾听、善于捕捉，灵动地应对学生的即时反应。

以英语教学为例，英语语言特性和汉语有很大不同，句子中的逻辑关系基本是通过连接词来表达，且语法结构严谨。这种语言特性，需要学生打破固有的中文语言逻辑思维，掌握英语学习方法，形成英语语法思维。但传统的英语教学往往更加注重语言知识和语法的传授，学生在课堂上更多的是被动理解，难免觉得晦涩难懂。要想提高中学生的英语能力，就需要在课堂教学中，充分发挥学生的主体作用，挖掘学生潜力，激发和培养他们的学习兴趣。比如，课堂上教师会先让一两个学生上台发言演讲，然后再请一两个学生上台针对同学演讲发表评价，让学生充分拥有自主学习与思考的时间与空间。而在自读课文的教学中，又会先抛出问题，再让学生充分讨论，以解决问题，整个课堂气氛活跃，个个踊跃讨论，用心发言。

学生在课堂上积极展讲

华迈的教师擅长把学习的主动权交给学生，让学生有主体参与感，充分调动学生的用心性，让学生掌握阅读和分析解决问题的方法要领，主动地掌握和运用知识。

教师在教学实践中应深入探索"让"与"引"的艺术，力求在传授知识的同时，引导学生主动思考，确保两者相辅相成。相应地，学生则需在"学"与"思"上持续努力，追求真正地理解和深入地思考。"让学"有度，"引思"得法，才能有效地促进新教学实践的开花结果，为学生的全面发展奠定坚实基础。

03 适度的"留白"与"补白"

在华迈的课堂中，我们倡导并实践着一种独特的教学艺术——"留白"与"补白"。这不仅仅是对传统"满堂灌"教学方式的革新，更是对学生自主思考能力培养的深深追求。我们坚信，真正的教育不仅仅是传授知识，更重要的是激发学生的思考欲望，培养他们的独立思考能力。

"留白"，作为一种源于艺术领域的创作手法，被我们巧妙地引入到了教育领域。在艺术中，"留白"是通过留出空白区域，让观者产生无限的遐想空间，感受艺术的深邃与广阔。而在教育中，"留白"则意味着我们不急于将所有的知识一股脑地灌输给学生，而是给予他们足够的思考空间，让他们有机会去探索、去发现、去领悟。

在一节初中语文课上，教师正在讲解唐代诗人杜甫的《春望》。课堂的前半部分，老师通过生动的语言描绘了诗中描绘的战乱后长安城的凄凉景象，引导学生们深入理解了诗人对国家兴衰的沉痛感慨和对和平生活的向往。然而，在讲到"国破山河在，城春草木深"这一句时，老师突然停下了讲解，没有立即进入下一句的分析，而是静默了几秒钟。

这短暂的静默，就是华迈对"留白"的应用。老师让学生们闭上眼睛，完全沉浸在这两句诗中，想象自己置身于那个动荡的时代，感受诗人笔下的悲凉与无奈。

教室里鸦雀无声。几秒钟后，老师缓缓开口，问学生们："你们在这两句诗中看到了什么？听到了什么？感受到了什么？"学生们开始纷纷举手发言，有的描述了破败的城市景象，有的谈到了自己心中对和平的渴望，还有的则从诗人的视角出发，表达了对国家命运的深深忧虑。

通过"留白",老师不仅给了学生们一个自我思考和情感共鸣的空间,还激发了他们对诗歌更深层次的理解和感悟。这种教学方式不仅丰富了课堂体验,也让学生们在主动探索中锻炼了独立思考的能力。

而"补白",则是对"留白"的一种补充和延伸。在学生经过独立思考后,我们会根据他们的反馈和困惑,有针对性地进行讲解和补充。这种教学方式,既保证了学生有足够的思考空间,又确保了他们在遇到困难时能够得到及时的帮助和指导。通过这样的教学方式,我们希望能够让学生在学习的过程中既感受到挑战的乐趣,又能够收获到成功的喜悦。

04 平衡"输入"与"输出"

当我们提及"让学引思"的新教学时,必须深入剖析"输入"与"输出"之间微妙的平衡关系。

课堂模式已经发生了本质的变化。在传统的课堂中,教师往往扮演着知识的传递者角色,学生则扮演着聆听者的角色。然而,单纯的灌输式教学并不足以确保知识能够深入学生的内心并转化为他们的智慧。

"输出"并不仅仅意味着考试中的答案,更包括课堂讨论中的发言、项目研究中的报告、小组合作中的贡献等多种形式。这些"输出"活动不仅能够帮助教师及时了解学生的学习状况,更能促进学生的深入思考和知识的内化。

在新的教学模式中,孩子成为课堂的主体和主导者。他们在讲台上讲解,而我们在台下聆听和指导。当孩子们出现错误时,我们会及时指正,但更多的时候,我们会让其他孩子来补充和纠正。这样,每个孩子都有机会表达自己的观点,多个孩子都能得到锻炼。如果孩子们都感到困惑,我们会抛出问题来引导他们思考,激发他们的探索精神。为了鼓励学生"输出",我们在课堂上设计了一系列的活动和任务。比如,在数学课堂上，我们会让学生们尝试自己推导定理，或者让他们利用所学知识解决一些实际问题；在语文课堂上，我们会鼓励学生进行辩论、写作或者演讲，让他们有机会表达自己的观点和想法。在晚自习前 18:40 到 19:00 这段时间是我们"小先生"的专属舞台，学生走上讲台，用他们自己的语言来阐述知识。学生不仅需要理解题目，还需要学会如何用简洁明了的语言解释给他人听，这种教学方式不仅提高了表达能力，还能在表达中深化对知识的理解。

第四节
"三线合一"新模式

想让"让学引思"新教学发挥作用，就必须通过明确的、可实施的制度去规范和引导。为此，我们提出了以学习任务单式为载体的"三线合一"课堂教学新模式，通过让学引思，实现可见的学习。

从形式上看，学习任务单在中国教育界从来不是什么新鲜事物。在近年来中小学课堂教学改革的浪潮中，导学案凭借其独特的优势，受到了众多教师与校长的青睐。通常一份导学案，涵盖课程的核心知识点、配套例题及与考试紧密相关的问题。在课前，教师将导学案分发给学生，引导他们进行自主学习和预习。学生的预习任务主要围绕导学案中的问题展开，对于基础知识点，他们可依托教材内容作答；对于典型问题，可参照教材中的例题进行解答；而对于那些与考试紧密相连的难点和重点，教师会在课堂上进行针对性的强化讲解。从应试教育的角度出发，导学案确实以其"快节奏、大容量"的特点，有效地推动了教学进程，提高了教学效率。但导学案本质上还是由老师主导的教学，在一套固定化流程中将教材内容程序化执行，这显然会削弱或限制学生学习的主动性。

与传统导学案迥异，华迈采用的学习任务单显著提升了学生的主体地位。立足学生的"学"，精心规划了学习内容、过程、路径，以及教师所需的课堂教学组织策略，为学生量身打造了一套完整的学习方案。此举旨在攻克课堂教学中常见的"虚假学习"和"游离学习"的难题，致力于让学生在课堂环境中实现真正的学习，最大化地沉浸在知识的海洋中。

在这一模式下，教师的角色发生转变，从单纯的主导者蜕变为学生学习道路上的引导者和坚定的支持者。这一转变体现了教育理念从"关注教"到"关注学"的演进，即从过分强调"教的设计"转变为注重"学的设计"，从机械地"教教材"到灵活地"用教材教"，从狭隘的课堂教学视野拓展到教学全过程的考量。同时，这也促进了教师从单纯的内容准备转向同时注重学习策略的准备，从单一的备教案向全面的备学习单转变。

实施这一模式的路径清晰而具体：教师围绕某一学习单元的主题、课文或单元，从明确的学习目标出发，精心设计并展示学生如何达成这些目标的过程。这一过程旨在帮助学生自主建构或在社会互动中构建知识和经验，成为学生实现学习目标的坚实支撑。它不仅是师生、生生、师师互动的桥梁，也是监测学业质量的重要依据。通过这一模式，我们成功地将目标转化为任务，将任务问题化、层次化、精练化，确保了学习路径的清晰性和课堂的紧凑性。

围绕学习任务单，华迈建立了以"三线"为要的课堂新模式，初步实现了向课堂要质量。

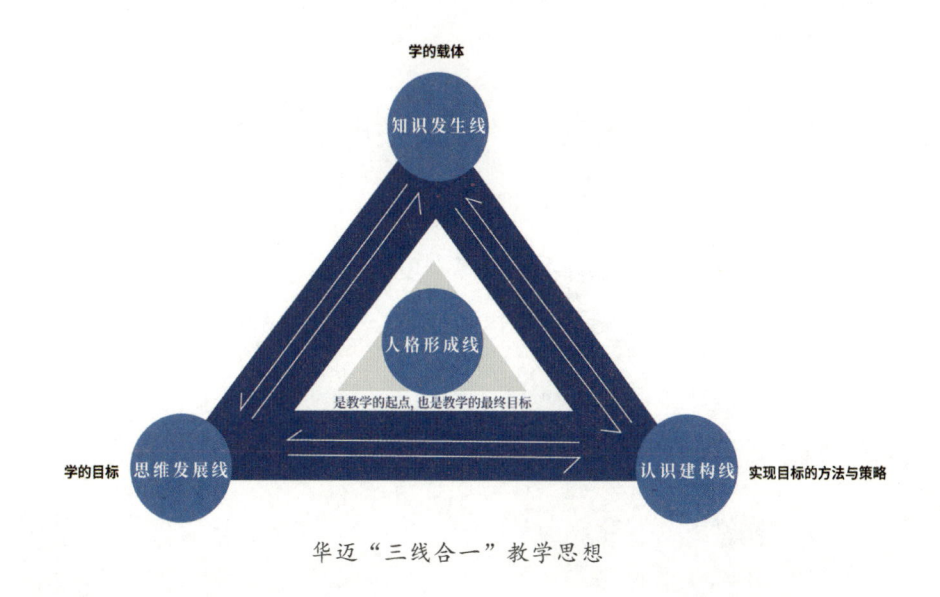

华迈"三线合一"教学思想

"三线"指知识发生线、思维发展线、认知建构线，最后合三为一而成人格形成线。作为教育与自我发展的核心框架，"三线"不仅揭示了知识获取的脉络，更深刻地描绘了个体从思考到理解，再到自我认知与人格塑造的完整过程。

知识发生线，即个体从无知到有知，从初步接触到深入理解的过程。这条线如同一条蜿蜒曲折的小溪，起始于一片未知的原野，途中经过无数的支流与汇聚，最终汇入知识的海洋。在这条线上，我们不断学习新知识，探索未知领域，丰富自己的内心世界。

思维发展线，是个体在知识积累的基础上，逐渐形成独立思考和解决问题的能力的过程。这条线如同一条奔腾的河流，经过陡峭的峡谷、广袤的平原，最终汇入智慧的海洋。在这条线上，我们学会分析问题、提出假设、验证结论，不断提高自己的思维能力。

认知建构线，是个体在知识学习和思维发展的基础上，逐渐构建起自己的认知体系的过程。这条线如同一片繁茂的森林，由无数的树木和藤蔓交织而成，共同支撑起一个稳固而独特的生态系统。在这条线上，我们通过对世界的感知和理解，构建起自己的认知框架，形成独特的价值观和世界观。

最后，这三条线汇聚成一条人格形成线。这条线如同一条山脉，经历风雨洗礼、岁月磨砺，最终成为一座巍峨挺拔的高峰。在这座高峰上，我们展现出独特的人格魅力，实现自我价值和社会价值。在这条线上，我们不断完善自己的品德修养、情感态度和行为习惯，形成健康、积极、向上的人格特质。

如果说"三线"是我们攀登这座高峰的路线指引，那么"三案"就是帮助我们登顶的工具。

教师必须精心备出"三案"（教案、学习任务单、辅案），在准备过程中，教师必须深入研究教材，把握教学目标，同时结合学生的实际情况，设计出既符合教学大纲的要求，又能激发学生学习兴趣和学习主动性的教案。

教案作为教师课堂教学的蓝图，应详细规划每个教学环节的步骤、内容以及预期达到的教学效果。如高中历史学科组在备课时创新提出"深度备课"，把整个高中历史的五本教材，以单元形式划分给组内的六位老师。每位老师只专注自己负责的单元内容，深入探究自己负责的单元内的每个知识点，再通过反复讨论和优化，不断提升教学方案质量。

紧接着，教师需要制定"学习任务单"。学习任务单是学生在课堂内外自主学习的指导材料，它应该围绕教学目标，明确列出学生需要完成的任务和需要达成的目标。学习任务单的设计要充分考虑学生的个体差异，既要满足优等生的拓展需求，又要兼顾基础薄弱学生的基础知识掌握。

在教案和学习任务单的基础上，教师还需要准备"辅案"。辅案是对教案和学习任务单的补充和拓展，它主要包括对疑难问题的解答、对重点知识的补充解释、对学习方法的指导等。辅案旨在帮助学生更好地理解和掌握知识，提高自主学习能力。

"三化四要五步"是"学习任务单"在教学中的核心流程，它精细地指导了教学活动的各个环节。

"三化"是对"学习任务单"的深度解读，即"目标任务化"将学习目标细化为具体任务，以任务为驱动，激发学生学习的内在动力；"任务层级化"则遵循由易到难的原则，确保任务设计既符合学生能力差异，又能有效反馈并增强学习兴趣；"学法路径化"强调学法指导，通过教师的引导，培养学生自主学习的能力。初二邓老师的英语课上，首先会让学生观看视频，情景导入新课，再谈论机器人相关信息，激活学生已有知识；其次，老师在课堂设计中安排根据题目和图片预测文章信息，培养学生推理判断能力。通过阅读文章，学生从语句中提取和理解信息，同时学生通过分析词汇、句子和段落之间的逻辑关系，培养学生分析和理解能力。接着，引导学生分析和评估文章中的观点，启发学生思考机器人会不会像人类一样思考，培养学生批判性思维。最后，小组讨论设计机器人，培养合作创新思维和发散性思维。

"四要"作为课程评价的标准，要求课堂必须"创设情境"，使学生置身于真实的环境中学习。史老师的数学课上，开篇便以学生熟知的"空中花园"劳动教育实践基地的面积问题作为切入点，提出数学问题，带领学生从"代数发现"到"几何验证"，再借助信息技术，得出弧度制概念，引导学生合作探究弧度制与角度制的换算公式并应用。史老师通过创设学生熟悉的情境，引导学生真正地参与到课堂中。通过"让学引思"的教学方法，把课堂的主权交还给学生，让他们在教师的引导下，通过阅读、讨论、操作等活动，学会自主学习、协作学习和探究学习；同时，鼓励学生"质疑追问"，并在这一过程中"沉浸生成"，即全员参与，深度思考，实现知识的自然生成和拓展。

而"五步"则构成了课堂的基本框架，包括"导学"环节，教师用简短的时间明确学习目标和任务，为学生的学习指明方向；"读思"环节，学生带着任务回归课本，自主学习，形成自己的见解；"合议"环节，学生间交流思想，碰撞观点，丰富和完善认知；"展讲"环节，学生自信地展示学习成果，形成互动的学习氛围；"评测"环节，教师对学生的表现进行点评，总结课堂知识，并检验学习效果。

全新的学习模式，为师生搭建了教学相长的互动互促场域，让学生在经历有意义的知识获得过程中形成高阶思维，生发指向核心素养、发展核心素养的深度学习。

第五节
"以数赋智"新课堂

智能技术正以前所未有的速度引领着社会的深刻变革。从蒸汽机引领的第一次工业革命,到电力广泛应用的第二次工业革命,再到信息技术,如电子、IT及工业机器人等蓬勃发展的第三次工业革命,我们现今正站在第四次工业革命——智能时代的门槛之上,迎来智能技术高速发展的黄金时期。我们身处其中,既是这场变革的见证者,更是积极的参与者。

智慧校园不仅是一个简单的名词,更是一种对未来教育模式的全新尝试。如何紧密围绕人的实际需求,打造一个既符合现代教育发展趋势,又满足师生家长实际需求的智能化校园至关重要。

"以人为本"的人本论是心新教育的理论基础,也是华迈智慧校园建设中的核心,具体表现为:以师生家长为中心,提供便捷、高效、个性化的服务;以学生教师为主体,满足他们丰富、多元、个性化的学习教学需求;以教育教学为核心,通过科技手段提升教学质量与效率。通过细致入微的数据洞察,我们能更贴近学生的真实需求,制定出更加精确的教育策略。这样的转变,使得个性化学习支持成为可能,极大地提升了教育效率与质量,为构建更加人性化、高效的教育环境奠定了坚实基础。

任何一项技术都不能摆脱场景后空谈,智慧校园更是要以实际应用为导向,紧密结合教育教学实践,它采用由点及面、由个别到普遍的全方位实施策略,将AI技术广泛渗透到教育教学的诸多领域。根据教育主体、教学环境、信息化基础设施的现实需求,在华迈在课程与教学、考试与测评、管理与服务等环节准确描述、表征与建构完成了具体应用场景，切实发挥数字技术优势；在"5G+AI教育"方面，完成了智慧课堂、智慧安防、教育管理、学生评价等场景的基本建设，提升5G对教育教学改革支撑服务能力；在AI助力智慧教育的领域，我们以数据联动为路径，加速应用场景涌现，初步建设成了在线课堂、智慧教室等场景。

华迈智慧课堂是教育现代化的重点工程，依托大数据打造的课堂评价系统不仅革新了传统的教学评估方式，还实现了教育资源的精准配置与个性化学习的深度融合。

该课堂利用人脸识别、行为识别等人工智能相关技术，在学校课堂的固定常规场景下，代替传统人力，结合前端超高清摄像机以及后端识别工作站等一系列软硬件，对学校常态化教学过程进行行为统计，并结合大数据挖掘、云计算等技术对统计数据进行深度挖掘分析，形成涵盖整个教学过程的可读性学情分析报告，为校长、教师提供客观的教学评价数据支撑。

这些报告已成为我们教学体系中不可或缺的一部分，从中层管理者到一线教师，都依赖这些数据进行精准的教学反馈。这些摄像机不仅仅是人工智能的应用，它们更像是公正无私的"课堂观察员"，无需人工值守，便能每秒捕捉并分析画面，进行全方位的大数据分析。举例来说，借助深度分析，我们得以精准洞察在某一具体时刻，课堂上究竟有多少学生全神贯注地凝视着老师，更能从学生的视角，全方位捕捉老师整堂课的表现和状态。

这些分析纯粹基于翔实的数据统计，客观且公正，摒弃了任何主观臆断和偏见，确保了分析结果的准确性和可靠性。而报告上关于授课类型、学生的课堂同步度、班级的课堂凝聚度等多种反映教师授课水平，节奏掌控水平以及学生上课状态分布的高质量指标，全面、个性、易读的课堂评价报告，为教师差异化的教和学生个性的学提供可靠的数

华迈"以数赋智"新课堂

据支撑。是学校数字化转型中"人机协同"教学模式创新与实践的典范。

心新教育的创新理念也一直是华迈智慧校园不断推进的强大动力，在推进学校智慧校园建设和数字化转型过程中，我们不但坚持"应用为王、服务至上"的心新教育理论，同时也一直秉承"融合创新、示范引领"的创新思维和实践心新教育理念。在智慧课堂的实际应用中，对海南课堂数据应用进行了融合创新。主要体现在以下三个方面：

首先，关注数据的实用性。华迈智慧课堂大数据评价系统注重数据实用性，根据学校教学需求重新整合系统报告。重新整合系统报告从个体学生、班级、年部、校级管理者多个视角，给出适合不同人群的不同类型课堂报告，使课堂报告更加智能化、更具个性化。独具华迈特色的系统报告为学校课堂教学的数字化转型提供了准确的数据支持。

其次，关注过程性比较数据的分析。在智慧课堂大数据评价系统日常应用上，我们遵循教育规律，通过周报、半月报、月报、学期报告等关联性数据报告，精准捕捉学生课堂成长的长期动态变化，为学生在校期间的全过程因材施教提供坚实的数据保障。

此外，关注应用的融合创新。学校在应用拓新上，依托海量数据和人脸数据中台，学校成功打破了智慧校园应用数据壁垒。智慧课堂大数据评价系统所积累的丰富课堂数据资产，为学校"五育融合"的立体评价体系提供了海量的数据资产，使学生数据资产在数字化转型中发挥出更大价值。

第六章

以心润心，以新育新
教师发展

"师者，教之以事而喻诸德也。"这句古谚划定了教师的职责：既要教给学生以具体事物知识，又要晓之以立身处世的各种品德。用更现代化的要求来看，教师不仅是知识的播种者，更是灵魂的工程师。

然而，正如四季更替，万物生长，在日新月异的时代变迁中，教师若想成为不息的灯塔，自身亦需不断学习，持续成长，以愈发饱满的精神培养新一代希望，用发展中的力量托举初升的太阳。

因此，探讨教师的赋能与成长路径，不仅是提升教育质量的关键，也是促进教育公平、推动社会进步的重要基石。正如树木需根深叶茂方能抵御风雨，教师的专业发展与内在修养同样需要深厚的积淀与不断的滋养。"学高为师，身正为范。"华迈通过多元化的赋能策略，帮助每位老师获得"心新成长"，也期待让我国现代教育的每位教师都能成为典范，共同绘制出新时代教育的壮丽画卷。

第一节
"筑梦人"成长新模型

聚焦于灌输知识和训练技能的教育，我们并不能说它是完全错误的，但它的片面性正在逐渐展现。为了符合应试教育要求而衍生出的"传经、授课、解题"模式，忽视了对学生思想和情感的培养，使教育逐渐变得机械化。

然而，随着时代的发展和社会的进步，人们对教育的期待已不再局限于知识的累积和技能的掌握。教育的本质，开始更多地被理解为促进人的全面发展，包括情感、态度、价值观等多方面素养的提升。

我国现在的教育环境和条件，已如春日之花，绚烂绽放，远超往昔"唯成绩论"之单调寒冬。教育之舟，已从单一的成绩之海驶向全面发展的广阔蓝海，因此，教师的教育理念和方式，亦需如古人所言，"苟日新，日日新，又日新"，与时俱进，与人俱进，方能不负韶华，不负时代。

正如习近平总书记所深刻指出的："好老师应该做中国特色社会主义共同理想和中华民族伟大复兴的中国梦的积极传播者，帮助学生筑梦、追梦、圆梦，让一代又一代年轻人都成为实现我们民族梦想的正能量。"此言如灯塔，照亮了教育的航道，指引着每一位教师前行的方向。

在这样的时代背景下，我们华迈的老师，犹如新时代的儒者，正站在新时代的风口浪尖，遵循着"正心奉道，其命维新"的原则，打造出"博雅者""慎独者""仁爱者"的心新"筑梦人"新模型。

```
            宽视野
            勇担当
            讲师德
             仁爱者
               人
  巧引导                      勤钻研
  爱思考  博雅者      筑梦者   重发展
  善学习                      常修己
```

筑梦人成长模型图

同样也是这一群人，巧妙地运用学习小组和目标管理机制，通过合理分组，激发学生的团队协作的精神；问情况＋摆现实＋看未来，引导学生敢于做梦、善于圆梦；实施"全员导师制"，为学生匹配学长学姐作为学业与生活指导，搭建成长桥梁；打破了澄迈县高中连续十年未培养出清北学生的历史，重燃当地老百姓对于县域高中教育的希望……

01 博雅者：博才硕学，雅量高致

在要求教师成为博雅者前，我们首先要明白"博雅"的定义。"博雅"，源自古代对学者"博学多才，雅量高致"的赞誉。《中庸》有云："博学之，审问之，慎思之，明辨之，笃行之。"教师作为博雅者，不仅要拥有广博的知识体系，还应具备高雅的品德修养，能够引导学生跨越学科界限，探索未知领域。

此外，在西方文献中，"博雅"与"自由艺术"相对应，强调全面自由的教育方式，旨在培养学生的综合素养、创新能力、实践能力以及德育等，以造就具有社会责任感、人文情怀和全球视野的复合型人才。

作为"创造者"的学生，是在知识的海洋中汲取养分后，勇于创新、敢于实践的主体。正如《周易》所言："穷则变，变则通，通则久。"学生在教师的启发下，不拘一格，创造出新知识、新技术，推动社会进步。教师的博雅为学生的创造提供了土壤和灵感。

华迈的博雅教师，讲求会学习、勤钻研和巧引领。想要培养学生"深度自主的学养"，就需要教师拥有"学高为师"的意识。心新教育要求教师们在学习中积淀自我的学识底蕴，在钻研中提升自我的业务水平，在引导中锻炼学生的自主能力。如此，教师方能以博雅的胸怀引领学生走向知识的殿堂，让他们在深度自主的学习中绽放光彩，共同书写教育的华章。

高中语文组的红杰老师，连续四年坚守在高三语文教学第一线。海南孩子语文基础弱，他就从书写、审题到阅读、写作，一项一项指导、规范；孩子们对语文复习兴趣不浓，他就设计复习活动，让同学们主动参与。经他接手的班级，语文成绩总会在短时间里明显提升。

近四年的时间，他依据学情亲自制作或修改课件1480个，组题300余套，制作小考条400余张，制作语文基础知识思维导图80余张。他深知高三学生面临的压力与挑战，在课后更是主动承担起学生培优补弱的工作。

与同事相处时，红杰老师以过硬的教学实力和无私的分享精神赢得了大家的尊敬与喜爱。由于深知年轻教师的成长对于学校发展的重要性，他主动承担起指导年轻教师的任务，欢迎所有老师随时到他的课堂听课，也不定时走进年轻老师的课堂；课下，主动与年轻老师探讨教学工作也是他教研的重要一环；他总是勇挑语文组的重担，用自己的行动引领青年教师主动作为，在他的影响下，他带领的团队总是抢着干活……

夜以继日的辛勤付出让红杰老师积劳成疾，不得不在2023年接受两次心脏支架手术。本该安心静养的他一想到学生正在紧张备考，心急如焚，在术后第二天便出院重返讲台。孩子们看着他大汗淋漓还站不稳身子的样子，都泣不成声，他却笑着岔开话题："我身子好着呢，大家都把眼泪擦擦，我们接着看下一道题吧。"

同样令人动容的还有初三年级班主任海龙老师。他内秀于心，展雅于行，也是华迈博雅者典范。"一个都不能少"，是他与孩子们的约定，让每个孩子都上台展讲，使三尺讲台变得广袤自由；当学生面对解不出压轴题，总能听见他"勇敢尝试、冷静分析，大胆试错再调整策略"的鼓励，如果实在不会，他还教学生不应懊恼，学会释怀。

他会在学生生日的时候给"寿星"煮两个鸡蛋，请他们在食堂吃一碗面；也会在组织学生看电影《长津湖》时给孩子们分食提前煮好并冷冻了一晚上的冻土豆；当班级在足球比赛大比分落后时，他与裁判、对方运动员友好协商，在比赛快结束时一起上场和孩子们战斗到最后一刻……

即便病痛缠身，也用鼓励与陪伴，为学生撑起一片广阔的天空，又以生活中的细微关怀，让教育的温暖触手可及。以爱育爱，以智启智，两位老师以非凡的教育热忱与深厚的专业素养，共同诠释了"博雅者"的动人风采。

博采、博学、博爱，博学多识，博采众长；雅志、雅趣、雅材，志趣高雅，美美与共。广博雅正，谦逊进取，这就是华迈博雅者交出的教学答卷。

02 慎独者：诲人不倦，克己慎独

何为"慎独"？"慎独"出自《礼记·中庸》："莫见乎隐，莫显乎微，故君子慎其独也。"本是儒家的一种道德修养方法，强调在独处时也能保持谨慎自律。对教师而言，意味着在学术研究和个人品行上都要追求高标准，做学生的楷模。

慎独者，要求常修己、重发展和善合作。新时代教师应以身作则，秉持"身正为范"，在自我修养中提升形象，在发展中实现价值，在合作中凝聚教育智慧，引领学生孝诚仁爱、攀登高峰。

作为"求知者"的学生天生好奇，渴望知识。在教师的引导下，学生以慎独的精神对待学习与生活，无论有人监督与否，皆能自律自强，最终成为具有孝诚仁爱之心的优秀人才。

担任华迈中学党支部副书记兼总务主任的王屹老师，是华迈的"开山元老"。他常将"当老师，需要坚守，更需要信仰"挂在嘴边，并把"慎独、慎微、慎言、慎行"作为自己的行为准则，将慎独精神融化成为"修身律己、务实奉献"日常工作生活的自觉。

"勇于担当，善谋实干"是对他工作的精准评价，在华迈躬耕的四年间，王屹老师全身心投入学校的发展建设中，带头参与学校人文、智慧、生态"三园"建设的规划、筹备及执行。几年间，他努力解决了教师宿舍无热水的问题；筹建了教师餐厅，解决了200多名教师的就餐问题；牵头组织食堂成功创建海南省中小学标准化食堂，保证了全校2000多名学生的饮食安全；利用三年时间完成了学校生态校园建设，实现了学校绿化、美化、硬化、艺术化四位一体，打造了华迈中学的场域文化；在智慧校园建设中，他广开言路、积极探索，创造性开展学校智慧水电管理和光伏节电项目，在智慧赋能的同时，实现了学校可持续发展……

在后勤服务工作中，他主动作为、改善校貌，他是学校内外的"装修工"；服务师生工作中，俯身躬行，服务至上，他是师生们的"店小二"；面对困难，他迎难而上，是非分明，是难关前的"领航员"。著名教育学者林格先生曾评价他："身上有'正气'，是学校的财富"。

"桃李不言，下自成蹊"，华迈慎独者大爱不言，润物无声。这是老师们对学生的爱、对同仁的爱，更是对教育的爱！在温暖孩子们的同时，我们也点燃了学生的心，让所有孩子明白责任和担当的力量。

03 仁爱者：言传身教，宅心仁厚

教师是仁爱者。孔子云："仁者爱人。"教师以仁爱之心对待每一位学生，关注其全面发展，不仅传授知识，更关心其品德成长，培养学生的同理心和社会责任感。

华迈教师秉承"正心奉道，其命维新"的教育理念。正心，源于《礼记·大学》，强调修身先正心，真诚意念；奉道，则是对所选之道的尊重、遵循与实践，是信仰与态度的体现。

步入社会主义新时代，相比于天命，我更愿意提倡"心"的作用。教师以仁爱之心，引导未来社会栋梁的正向发展。作为未来担当者的学生，在教师的仁爱关怀下，学会承担，勇于面对挑战，为社会的和谐发展贡献自己的力量。

仁爱者，注重讲师德、勇担当和宽视野。培养学生"包容担当的情怀"，更需要教师拥有"爱满天下"的意识，在师德塑造中提升自我的道德境界，在使命担当中坚守自我的育人责任，在视野开阔中提升自我的教育格局。如此，教师便能以仁爱之心，照亮学生前行的道路，引领他们成为具有高尚品德和广阔视野的未来栋梁。

但在澄迈县一市（县）两校一园工程推进之初，过程并不顺利，合作一度面临搁浅。多年来澄迈基础教育质量整体薄弱，大量适龄学子被迫外出寻求优质学校，现下澄迈教育的晚夜终于要迎来曙光，这难得的合作机会一定得把握住！彼时担任澄迈思源中学党总支书记的姜童校长订下第二天最早一班飞往上海的机票，夜里两点动身一路辗转北上，再次向华东师范大学相关领导争取机会达成合作。

身后是万千澄迈孩子的教育梦，姜童校长一片仁爱之心不敢懈怠，再次会面时，他将澄迈孩子的求学困境细细讲来，反复申明澄迈县政府举全县之力和华东师范大学合作办学的决心。精诚所至，金石为开，他的真诚与执着最终打动了对方，华东师范大学的领导们同意再次就合作办学事宜进行深入洽谈。

坐上当天最晚一班飞回海南的航班，再转车回到澄迈县的乡村学校，时间又是一个夜里两点，姜童校长24小时的山海奔赴，使琼沪两地的教育合作再燃火花。

后来的故事正如大家所知，这所华东师范大学和澄迈县人民政府合作举办的公办完全中学，正是我们华迈中学。华迈中学的成立，是姜童校长这位平凡教育工作者的伟大远征，也是他对澄迈孩子拳拳仁爱之心的最高体现。

在担任华迈中学副校长后，姜童校长依然坚持"用心工作，用爱育生，真情待人"。分管德育工作的姜童校长用平等的姿态和孩子们沟通，常用"仁爱之约"的方式来达成教育目的。

作为一所"乡镇中学"，华迈的学生基本上都来自澄迈县的11个乡镇，受家庭教育和地方习俗影响，学生们的人生视野、习惯养成都比较落后。我们学校有位林同学来自单亲留守家庭，行为习惯较差，还出现过半个月不洗澡的情况。

在把林同学约到办公室交流后，姜童校长了解到这个孩子并非刻意不注重卫生，而是喜欢打篮球，有时会沉迷打球错过排队洗澡时间，只能满身大汗直接去上学。

堵不如疏，姜童校长就和林同学做了一个"仁爱之约"：每月找时间去篮球场看林同学打球，参加一次他们的投篮比赛，同时在林同学一个月内无任何违纪的情况下，允许他在因打球耽误洗澡时间时，每月借用自己的教师宿舍洗一次澡。

姜童校长问："我答应你是出于师生的爱，你答应我是基于男人之间的仁义，能做到吗？"林同学满口答应，击掌为誓，双方都长久地履行了这个"仁爱之约"。

慢慢地，林同学在姜童校长的纠正下养成了良好的行为习惯，成绩也逐步提升，在初三毕业的成长礼上。姜童校长和林同学一起"走红毯"，他靠近姜童校长耳边腼腆地说："姜校长，你就像我伯爹（海南话'大伯'的意思）一样，从小到大我和伯爹最亲。"

教泽常新，静待花开，一直以来华迈师者用实际行动诠释着仁爱的真谛，让每个生命精彩绽放是华迈人的办学宗旨和不懈追求。

有一种爱不容易看见，却无处不在；有一种爱希声寂静，却能怦然律动；有一种爱可以意会，却难以言喻，有一种爱静静流淌，却能汹涌澎湃；我想这应该就是华迈"仁爱者"的样态。他们春风化雨，以行动绘就教育的诗篇。在他们轻柔的羽翼下，学子们汲取知识的甘霖，更学会将爱心传递，用善良书写生活的篇章。

有了"仁爱者、博雅者、慎独者"对师德师风建设的监督和要求，华迈教师们在"正心奉道"的长路上，就得到了指引征程的明确方向。于是我们得见，每晚维林老师的办公室总是灯火通明，因为"不让作业过夜"是他的原则；海英老师在教室里的"爱心园地"永远备齐红糖、纸杯、感冒药；盛夏的停电之夜，慧洁老师彻夜不眠，只为在凌晨三点通电时为孩子们打开空调；太多班主任挂心自己的学生，却无法在儿女中高考时赶去照顾、难以为缠绵病榻的父母尽孝……

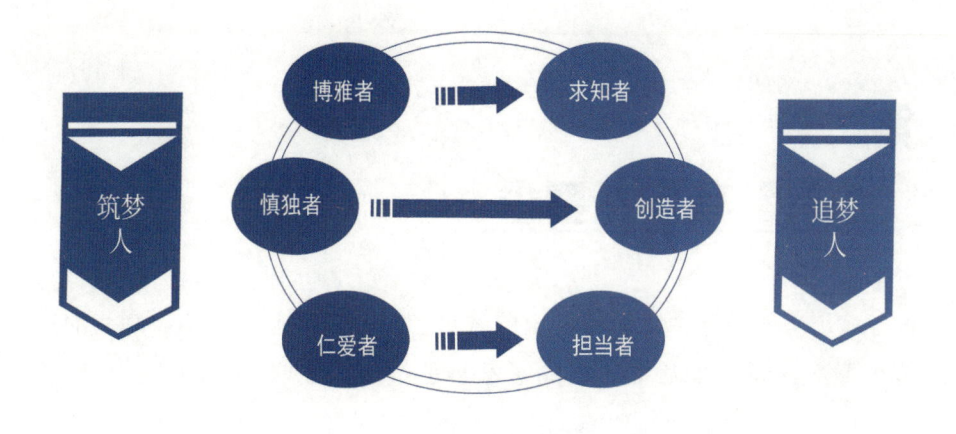

华迈教师培养目标与学校育人目标

在心新教育的引导下，华迈的筑梦者们为教育暗下一颗决心，为教育捧出一颗真心，对学生付出一片爱心，用神思点燃学生的慧心，将自己的正心奉献在教育道路上；同时，他们积极迈步革新，思想追求创新，课堂内容破旧立新，教学面貌焕然一新，用行动践行其命维新。教师引领，学生跟进，形成了教育最美好的图景。

第二节
"三转"落实新要求

在历史的长河中,无数杰出的教育者以他们深厚的学识、高尚的情操,照亮了学子的心灵,推动了社会的进步,证明了"专业、高素质的教师,才能真正引领教育向好的发展"这一论断的深刻内涵。

在古代,孔子提出"有教无类""因材施教"等教育理念,也注重德行培养,强调"修身齐家治国平天下",其教育实践生动诠释了专业与高素质的教师对于塑造学生人格、传承文化的重要性;进入近现代,蔡元培在北京大学倡导"兼容并包,思想自由"的教育改革,展现了开放与包容的教育环境对于激发学术创新、培养全面人才的关键作用;陶行知提出"生活即教育""社会即学校"的教育理念,强调了教育与实践的紧密结合,体现了贴近生活、服务社会的教育对于增强学生能力、促进社会进步的重要意义。

在当今教育改革的浪潮中,提升教育质量、优化教育资源配置已成为社会各界广泛关注的焦点。面对日益激烈的社会竞争和不断变化的人才需求,学校如何在新时代背景下实现教育改革,是每一个教育工作者必须深思的问题。在此背景下,华迈中学在心新教育的引导下提出"三转"理念——全校围绕教学转、校长围绕课堂转、教师围绕学生转,强调回归教育本质,以学生为中心,促进教育质量的全面提升。

全校围绕教学转,是华迈坚守的原则。教学质量,作为学校的生命线,始终是华迈不变的工作重心。在这一原则的指引下,全校上下紧密团结,共同围绕教学这一核心任务展开各项工作。

为了持续提升教学质量，学校不仅组织了丰富多彩的教学活动，还构建了一套完善的教学质量监控体系。在"首届新心杯青年教师课堂教学比武"大赛中，我和学校主要领导亲自上阵，连续听课18节。类似活动不断在华迈举行，充分体现了学校对教学质量的重视以及对青年教师成长的关注，不仅为青年教师提供了展示自我的平台，通过领导们的直接参与，也传递了教学优先的强烈信号。

除了教学比武，学校还常态化地开展了推门听课、骨干教师展示课、青年教师汇报课以及教育专家诊断课等一系列活动。这些活动不仅促进了教师之间的交流与学习，还通过专家的诊断指导，帮助教师及时发现并改进教学中的问题，从而不断提升教学水平。同时，学校还定期召开试卷分析会、考试质量分析会、班级教学诊断会以及年级考试评价会，通过对考试成绩的深入分析，精准把握教学质量的现状，为后续的教学工作提供有力的数据支持。

值得一提的是，学校还积极倡导开放式课堂的理念，将每一天都视为教学开放日，每一位教师的每一节课都视为公开课。这种做法不仅增强了教师之间的互相学习与监督，也让学生和家长更加深入地了解教学情况，形成了良好的教学互动氛围。通过聚焦课堂抓教学，学校确保了教学质量的持续提升，为学生的全面发展奠定了坚实的基础。

校长围绕课堂转，是我作为教育工作者数十年如一日的坚持。身为一所中学的校长，我对"校长"这个身份的含义有自己的看法。校长为什么重要？因为他就像一位"领跑人"，领着全校的教职员工不停奔跑，也领着一茬又一茬的孩子不停奔跑。

领跑人在教育理念的引领上起着关键作用。我们常说基础教育阶段是学生人生观、价值观形成的关键时期，园丁的一言一行都会影响学生的成长和发展。而校长的教育理念往往决定了学校的办学方向和教育质量。具有前瞻性和创新精神的校长，不仅能为全校师生作出表率，还关注学生的全面发展，重视学生创新精神和实践能力的培养。这样的"领跑人"，能引领学校走在教育改革的前沿。

每天，我第一个走进教室，让学生一看见教室里暖洋洋的灯光，就感受到家的温馨；每天，我最后一个离开教室，听学生一遍遍地说着"老师再见"，看他们舒展的眉头，看他们会心的微笑，看他们冲我顽皮地做鬼脸；我也频频点头，频频说再见，再频频地微笑，有时也做个鬼脸给他们，我希望带给他们一天的充实和美好。也有老师夸张地说，每天能在学校遇见我 800 次。这是因为我每天都要亲自巡查整个学校，从来到学校开始，到夜晚同学们回到寝室，这期间我会将每栋教学楼重复走上数遍，只为保证能了解每一个孩子的学习状态，听一听老师们讲课的效果。

我明白，心新教育理念的提出只是开始，更重要的是如何践行这份思想。为了不让心新教育只是口号，我就亲力亲为地去从小事抓落实，比如把学生们在跑操时的行为习惯培养好，以此为基础再逐步拓展。

有了科学而明确的目标，让团队围绕这个目标统一思想和行动，形成共识和合力，这是校长这位领跑人办好一所学校需要的内外力条件。通过引领教育理念、建设教师队伍、塑造学校文化以及加强学校与社会的联系，校长能为学校的发展注入新活力。这正是我这位华迈的"大家长"日夜自省希望达成的目标。

教师围绕学生转，是华迈教师不变的行为准绳。首先，它体现在个性化教学辅导上。每次考试后，教师们主动识别学生间的差异，实施"导师制"辅导策略。每位老师都负责特定的培优补差对象，建立详细的辅导档案，并利用一切可利用的碎片化时间为学生提供个性化的指导，确保每位学生都能得到适合自己的关注与帮助。

其次，华迈积极探索并实施"自主学习，自我管理，自我评价"的教育模式，高度尊重学生的选课自主权。学校提供了多达18种选课组合，以满足不同学生的兴趣和需求。同时，通过设立学生自主管理的多个部门（如体育锻炼部、学习秩序部等）以及丰富多彩的社团活动（涵盖体育、艺术、综合三大类共32个社团），教师们不仅在课内，也在课外以指导者和支持者的身份陪伴学生，鼓励他们在实践中学习，培养自我管理和评价的能力。

再者，华迈创新性地采用家校一体化管理模式，确保学生学习的高效连续性。即使在假期，教师们也围绕学生的学习需求进行工作，精心规划学习计划，通过直播等形式进行云自习、云答疑、云辅导，保持与学生的紧密互动。每周定时的直播答疑和作业批改，不仅解答了学生的疑惑，也有效监控了学习进度，确保了学习质量。此外，云自习的课间安排还融入了体育锻炼、家务劳动、新闻联播观看等内容，既丰富了学生的假期生活，又促进了其全面发展。

最后，华迈紧扣教学质量核心，通过落实"'任务清单'堂堂清""'双定作业'日日清""检测反馈周周清"的"三清"制度，通过集体备

教师办公室里的辅导——"华迈最美风景"

课完成的任务单明确每一节课的教学目标和学习任务,要求学生当堂学完当堂吸收;对每天的作业实行"定时、定量"的要求,既保障学生对当天学习的内容完全理解并吸收,又达到减轻学生负担的目的;各年部和备课组根据教学进度灵活进行周测,检测学生短期内的短板,及时进行弥补,考前科学组织试题、试前细致组织教育、考中严肃考试纪律、考后当天出分、试后认真质量分析,通过查找不足来及时弥补。

通过"围绕学生转"的要求,华迈教师进一步强化了对学生学习状态的精准把握与有效指导。

第三节
成长路径新塑造

进入 21 世纪，面对全球化、信息化的挑战，教育面临着前所未有的变革需求。在这样的背景下，构建一支专业化、高素质的教师队伍，成为提升教育质量、培养未来社会所需人才的关键。这要求教师不仅要掌握扎实的学科知识，还要具备持续学习的能力。在日新月异的时代发展浪潮中，"本本主义"只能引起淘汰和灭亡，要真正成为新时代"筑梦人"，教师只能不断自我更新成长。

于是，从青年教师入校开始，华迈就为他们铺好了成长长路。

01 从 0 到 1，教师提升新方法

初来乍到，新任教师面临着适应新环境、新角色的挑战，他们会担心自己是否会被学生、同事、领导以及家长接受。此时，提供必要的入职培训和支持，是学校帮助新教师融入的重要环节。

针对这一需求，华迈为青年教师设计了专业化的成长方案。为了让青年教师尽快熟悉中、高考试题，学校要求青年教师每两周做一套中、高考试卷，交由备课组长统一批改；还要求青年教师每周听骨干教师课不少于 2 节，听课笔记每周五下午上交备课组长备查；此外，中考科目教师每学期需要进行中考试卷考试，高中青年教师与学生一同参加高三学年的天一联考；青年教师每学期还需要阅读教育专著或相关文学、哲学名著不少于一本，读书笔记不少于 2000 字。

提高教学质量是教师发展的硬道理,所以华迈经常承办华东师大的教研活动,以此锻炼新手教师在教研方面取得进步。在一次政治学科的教研活动中,初来乍到的凡玲老师获益匪浅。她当时和华东师大的叶教授对接,负责向澄迈全县所有老师上一堂网络直播形式的公开课。

最初接手这个任务时,由于从未承担过如此重大的责任,她非常紧张。彼时的华迈政治组教学条件不及现在,还没有骨干教师来为她磨课,但叶教授从课堂教学设计开始,手把手地教她上课,并不断给予她鼓励。叶教授的指导如春风化雨,启发了孟老师对于政治教学的观点。在做准备的那两周里,孟老师坐行立止都在考虑公开课内容,甚至连晚上做梦都在思考如何提升这节课的质量。最终,教研活动花成蜜就,与叶教授的灵感碰撞和不断探讨,让孟老师主导的这节政治课充实而圆满,也让她蜕变成一个不怯场、有经验的新的自己。

更有华迈特色的提升方法是,我们长期举办"师徒结对"活动,以一师一徒结对为基本形式,对青年教师进行多层面、多角度的教育教学和班主任工作指导,促进师徒互助互学、互勉共进。

在结对过程中,师傅需要做到"三带",即带敬业爱岗,无私奉献的"师魂";带教育教学与教育科研的基本技能的"师能";带"教书育人,为人师表"的师德。徒弟要做到"三学",即学习教育教学理论思想,树立先进的教育理念;熟练掌握教育教学和科研的基本功;学遵纪守法,诚实正直的为人。

朝夕相处中,师傅全面关心徒弟的工作、学习、生活和思想,以便指导徒弟及时调整工作目标和工作方法。师傅还指导徒弟备好课,每学期重点审阅20节备课教案;每两周听徒弟的课不少于一节,并认真记录,评议优缺点,写出指导意见,并在每学期末对徒弟做一次书面综合评价。

在师傅的指导下，徒弟对自身的教学情况和业务水平认真进行剖析，确立提高的方向与成长的目标，每学期听师傅上课不少于10节，每学期在组内上公开课或汇报课不少于1次。

华迈教师"青蓝工程"师带徒活动

通过发挥学校骨干教师的示范和辐射作用，华迈青年教师的专业性迅速提高，整体师资水平和教学质量都有了质的飞跃。

同时，狠抓集体备课也是华迈为教师提供的提升教学质量良机。狠抓集体备课，要求在于"四定"：定时间，全校按学科统一确定集备时间，确保每位教师按时参加；定地点，为集体备课提供固定的场所，方便教师们的交流和研讨；定主备主讲人，由经验丰富的教师担任主备主讲人，引领大家深入研讨教学内容和方法；定学习任务单，明确每次集体备课的学习目标和任务，使备课活动更具针对性和实效性。

为进一步提升集体备课的效果，华迈还实施了"三次备课"制度。首先是个备，要求每位教师在集体备课之前独立备课，形成自己的教学思路和方案。其次是集备，在集体备课中，教师们共同研讨教学内容和方法，相互借鉴、相互启发，形成更加完善的教学方案。最后是再备，教师们根据集体备课的成果，结合自己的教学实际，对教案进行再次修订和完善，确保教学质量和效果。

02 羽翼渐丰，创设进阶新条件

在青年教师逐渐适应教学工作后，华迈秉持心新教育发展创新的思想，在教学、科研、专家报告等方面，为老师们提供充分学习的条件，打造适宜他们成长的步骤。

关于教学，我们让教师形成适应教育改革的意识和行为，了解高考改革政策及上海、浙江、海南本地等地区名校做法，做好应对。并积极尝试分层教学、走班教学、翻转课堂、互动课堂、信息化教学、实践教学等各种方式。

关于科研，我们积极开展学科建设，深挖学科价值，凝练学科素养，创新学科教法和学法；组织教师参加联合教研活动，进行课堂诊断，共同研讨教学技艺；不断提升教师的课程建设领导力，让他们参与到学校课程顶层设计的工作中。

本着心新教育的专有文化氛围，我们还将阳明文化与东坡文化作为教师成长的必学项目，添加了相关主题研学活动。我和姜校长、王书记亲自带队，携华迈全体教职工赴海南省博物馆参观"千古风流 不老东坡"东坡文化展，深入了解东坡文化的内涵和价值。《宋史》评价苏东坡是："器识之闳伟，议论之卓荦，文章之雄隽，政事之精明，四者皆能以特立之志为之主，而以迈往之气辅之。"一千年后，我们仍以其言语文章为高山景行，他带给人们的精神力量穿越时空，让我们的老师将他的智慧与精神内化于心、外化于行，为推动自我发展和学校建设贡献力量。

组织教师积极参加国内外各种与教育教学相关的会议和培训，也是

教育部中学校长培训中心副主任刘莉莉做教师情境培训

为了让他们汲取国内外优秀的教学经验，掌握中西方先进的教学方法。华迈还培养他们养成每天看教育信息、每天写教学感悟的习惯，鼓励教师勇敢投身信息化发展的大潮中，将学习和掌握的先进教育技术，运用到教育教学和管理中。

从专业技能的精进到教育理念的革新，从教学方法的创新到心理素质的提升，每一位教师都收获了显著的成长。如今，华迈的教学氛围积极向上，教师们相互学习，共同进步，形成了一个充满活力与创新的教育社群。

第四节
以人为本的"耕心工程"

作为"以人为本"的教育理念，心新教育涵盖的对象肯定不会仅限于学生的范畴。老师作为教育的主体和教育行为中的重要一环，同样是心新教育重视的关键。对于华迈的教师们，心新教育规划好了"共情"的要求。

何为共情？从学校管理者和教师的关系角度来看，"共情"可以理解为一种深入理解和共享彼此情感和立场的能力，它对于建立和谐、有效的教育合作关系至关重要。

在教育领域，共情不仅需要教师拥有理解学生内心世界、换位思考的能力，还需要学校管理者能够深入体会教师的情感和经历，站在教师的角度思考问题，从而建立起更为紧密和深入的关系。共情不仅是教师对学生情感世界的洞察，更是教师与管理者之间彼此心灵共鸣的桥梁。

共情有助于学校管理者更全面地了解教师的需求和困难。学校管理者通常负责制定策略、分配资源和监督教学工作。然而，如果没有共情能力，管理者难以真正了解教师在工作中的实际体验，从而难以做出符合教师实际需求的决策。通过共情，管理者能够设身处地地理解教师的感受，关注他们的成长和发展，从而提供更加贴心的支持和帮助。

共情有助于增强学校管理者和教师之间的信任和理解。在教育工作中，教师和管理者之间难免会出现意见分歧或沟通障碍。然而，如果双方都能够具备共情的能力，就能够更加开放地交流、倾听和理解对方的观点，从而找到共同解决问题的途径。这种基于共情的沟通和合作方式，有助于建立更加稳固的工作关系，提高学校的教育教学质量。

第六章 教师发展：以心润心，以新育新

审视学校管理者和教师之间的关系，"共情"无疑是一种至关重要的沟通和协作技巧。通过"共情"，双方不但可以建立起一种基于理解、尊重和信任的和谐关系，还会在教育工作中形成有效的合作。

2023年5月31日，习近平总书记在北京育英学校考察时，讲到："要在全社会营造尊师重教的良好风尚，让教师成为最受社会尊重和令人羡慕的职业"。这不仅仅是一个愿景，更是一项艰巨的使命，需要我们从教育理念的源头做起，构建新型的教师尊严体系。

要让教师受社会尊重，就要给教师以应有的尊严。这份尊严源于对教师职业的深刻理解和崇高敬意，源于对教师工作的充分肯定和全力支持。心新教育理念紧随总书记号召，旨在重塑教师形象、提升教师地位，让教师这一身份获得社会敬仰和向往。

如果从教师自我的认知角度来看，教师的尊严主要体现在自尊和自重上。"自爱者方能为人所爱"，这种"自爱"不仅是对自己职业身份的认同和尊重，更是对自己所从事的教育事业的热爱和执着。一个具有尊严的教师，会珍视自己的职业角色，坚守教育初心，不断提升自己的专业素养和教育教学能力，不仅赢得学生、家长和社会的尊重与信任，更会实现自己的人生价值。

如果从社会认知的角度来看，教师的尊严体现在其社会地位和身份认同上。教师作为社会的一员，其尊严来自于社会的认可和尊重。一个受到社会尊重的教师，其职业地位会得到提升，从而增强职业荣誉感和归属感。

可是在从教育一线过渡到教育管理者的过程中，我很痛心地发现，现代教师越来越难受到社会各界的尊重，教师的尊严一再缺失。究其根本，大概是这几方面原因作祟：

首先是社会环境、财政投入、社会舆论等方面存在问题。有观点称，

随着教育改革的不断深化和办学体制日趋多元化，学校面临的生存压力逐渐增大，使得学校之间的竞争愈发激烈。然而，这些举措往往以牺牲教师的尊严为代价；也有观点表示，当今社会对金钱的追求过于病态，"有钱"在一定程度上成为衡量成功与否的标准，而我国教师工资水平相对偏低，教师因此而缺乏受尊重的条件。

其次是社会对教师的固有印象导致人们常常对教师产生过高要求。"春蚕到死丝方尽，蜡炬成灰泪始干""桃李不言，下自成蹊"这类经典隐喻，对老师的职业道德要求提升到了极高的层次，却忽视了教师自身发展的内在需要。在人们对教师过高的期望未能得到满足时，教师的职业价值往往会遭到贬损，最终导致教师尊严丧失。[1]

想让教师拥有尊严，就要从各个层面进行思考和改进。对此华迈也在给予教师人文关怀方面，迈步做出自己的努力：

开展以人本化为导向的"耕心工程"是我们迈出的第一步。通过建立沟通机制，学校的管理层积极与教师保持交流，关心教师身心发展，解决教师的后顾之忧。

在教师"选择"方面，华迈积极引进非师范类综合大学毕业的新教师，根据学业导师职责，确定学业导师的遴选与聘任条件以及选拔机制。

我们还积极做好教师"用"的工作，鼓励全体教师参与导师培训，争做学生导师；在教师培育方面，我们针对不同水平的教师开展不同层次的培训，还采取校内外联动等方式，充分利用省内外培训平台。

教师"留"的工作也是华迈工作重点。我们建立健全发展性评价制度，建立高中三年的师资流动机制，将优质师资流动与教师绩效考核以及职称评定、岗位晋升、职业发展、评优等挂钩，出台特色学科教师激励办法，激励教师、干部和职工创新工作措施，做出突出业绩。建设

1　付辉. 我国中小学教师尊严研究：回顾与前瞻［J］. 中国德育，2020（14）：24-28.

教师职业发展通道，设计不同通道的晋升规划，构建满足个人成长的职业发展通道。

为教师提供足够便利、舒适的工作环境，是我们关于"耕心工程"的深刻考量。前文提到，华迈的老师来自天南海北，初来乍到很容易对海南的气候、饮食等不习惯，我们的后勤人员就在生活的方方面面给予他们便利，解决他们的后顾之忧，让他们能尽快融入教学工作。

新教师报到前，学校为每位老师都分配好了宿舍，提前打扫卫生，为每位老师配齐小到牙刷、大到木床的所有生活必需品，保证老师拎包即住。在还没有到学校前，学校会把乘车路线、报到联系人等信息提前通知给新老师，同时把学校位置、周边风景及当地的风俗也一并告知。老师到校后，有专人负责接待，帮助解决突发问题，让华迈的老师一落地就没有陌生感。

而要让老师安心工作，饮食顺心是必不可少的要素。考虑岛外教师占比较大，学校食堂聘用了6名厨师，其中包含一名北方厨师，这样每顿饭都能做到南北兼顾。学校还在教师食堂设立了心愿板，每天满足老师们的一个"心愿菜"，让每个老师都能得到被重视的体验。

"让师生觉得有人疼、有人管"是华迈后勤的工作宗旨，努力让师生生活在爱的生态中。我们树立"师生的事情再小也是大事"的思想，无论何时何地，只要有师生发出求助信息，后勤值班人员马上到位进行处理，能解决的绝不过夜，不能解决的想尽办法简单处理。师生返校前，我们提前查楼顶太阳能热水器，让大家能洗上热水澡；师生过生日，我们送上自制的生日蛋糕；老师们调整办公室，我们提前把办公室办公物品备齐；教师家属来校，我们也主动接待来访……

华迈的贴心后勤服务，让老师们对学校关怀有了新的认识。曾有同样来自东北的年轻老师告诉我："华迈方方面面都优于我曾任职的中学。"她说，曾任职的中学已经形成了固有模式，无论是教师的教学工作，还是学生的学习生活，都难以燃烧起激情。但在华迈，她体会到了公平公正，体会到了学校对新老师的重视，这种重视不光体现在后勤保障方面，还体现在华迈愿意给新老师搭建平台展示自我，来到这里，她感受到未来充满希望，于是"心胸一下亮堂起来了"。

有了后勤全方位的保障，老师们没有了后顾之忧，对待工作自然全情投入。

于是，在熹微晨光中，张主任是最早走进班级的，夜色弥漫，她又是最后一个离开教室的。她总是这样，来得最早，走得最晚。记不清有多少次与学生推心置腹的交谈，也记不清多少次不顾疲乏赶着批改作业，但她却记得教师节那天，学生送给她大大小小的自制贺卡，说她是最棒的园丁。

受了学校荫蔽，可敬的老师们也渴望为孩子们撑起一把伞。

海英老师总是和学生们在欢声笑语中一同劳动，凡事亲力亲为；在台风天整宿整宿地守在宿舍门口，安抚着孩子们的情绪；无数次冒雨外出给学生买药买早餐，自己却感冒了；在学校停水停电时独自外出，用瘦弱的身躯扛回了几箱矿泉水……

孩子们在日记中写道："世间万物都不及您对我们的点点滴滴，有您在，我们就踏实，就有源源不竭的动力。"让她在泪光闪闪中感受到自己身为人民教师的价值。

作为中学校长，我深知教师是我们学校宝贵的财富，也是推动学校发展的重要力量。因此，我坚信，通过提高教师的社会地位和待遇，改善他们的工作和生活环境，加强教师的管理和支持，提升他们的专业素养和人格魅力，以及建立合理的评价与激励机制等措施，我们可以逐步构建一个尊重教师、关心教师、支持教师的良好氛围。

我希望每一位教师在我们的学校中乃至在今后的社会上，都能感受到职业尊严和价值，都能在教书育人的道路上实现自我价值，他们也会以更加饱满的热情和更加专业的素养，投入到教育教学中，为培养更多优秀的人才贡献自己的力量。

第六章 教师发展：以心润心，以新育新

第五节
把中层推向管理中心

关于一所学校的管理，有这样一个说法："学校管理好不好，主要看中层的力量。"中层干部是学校管理的核心力量，他们处于"上传"和"下达"的枢纽位置，是连接"头脑"和"四肢"的"脊柱"，是学校这部"机器"高效运转的"齿轮"，是学校这座"大厦"的"四梁八柱"。中层管理者作为学校管理层和一线教师之间的桥梁和纽带，角色影响力是不可忽视的。

中层管理者在学校组织结构中起着举足轻重的桥梁作用。他们上传下达，既是高层管理智慧的传递者，也是一线教师声音的倾听者。在推动新政策时，得出他们准确地将高层的战略意图传达给一线教师，同时收集教师的实际反馈，为高层提供决策参考。"上下同欲者胜"，中层管理者的双向沟通，让学校管理更加顺畅。

中层管理者需要具备出色的组织协调与人际关系处理能力。他们如同乐队指挥，协调各部门间的合作，确保学校工作有序进行。同时，他们还需妥善处理与教师、学生、家长等的关系。这种能力，不仅关乎学校的日常运营，更影响着学校的整体氛围。

中层管理者也是学校政策的执行者与创新的推动者，作为学校的中坚力量，他们确保政策在基层落地生根。同时，他们也勇于探索新的管理理念和方法，执行力与创新力，正是中层管理者的核心竞争力所在。

由于中层管理者在教师队伍中具有权威性和影响力，为中层干部赋能，就是为学校的发展注入强大的动力。当中层干部能够充分发挥自己的才智和潜能时，他们将能够激发其他教师产生共鸣、换位思考，形成彼此依存、互利共生、亲密无间的和谐关系。在这样的氛围中，整个教师团队将满怀信心、激情四溢地朝着同一个方向前进，实现学校的共同愿景。

华迈初创时期班子结构并不完整，中层管理人才的匮乏这无疑是我们在初期发展阶段的主要瓶颈之一。由于并未单独针对中层管理岗位进行招聘，加之缺乏分管高中和初中教学的副校长，学校不得不从彼时仅有的6名骨干教师中提拔人才来填补这些关键岗位。这些骨干教师不仅需要承担起中层管理的职责，同时还要继续履行学科教师的任务，有的还兼任了班主任，甚至还有人身兼两个中层管理职务，这种一岗多责的状况确实给学校的管理和教学工作带来了极大的挑战。

对他们而言，这所学校、这份中层管理的岗位，乃至这一系列因海南新课改和新高考带来的教学模式，都充满了全新的挑战与未知。这里的"新"，既意味着一切尚需摸索与适应的新领域，也预示着他们即将开启的崭新篇章。

正是在这样的背景下，华迈中学毅然启动了心新教育项目，旨在全面提升中层干部的领导力。该项目不仅立足于国家"十四五"规划的宏观视野，还紧密结合了当前教育改革深化阶段的全新理念与思想，依据华迈自身迅猛发展的步伐，同时吸取高中教育的前沿动态，学校为华迈的中层管理者精心策划了"赢在中层"的管理策略，旨在引领他们在新时代的教育浪潮中稳健前行，共创辉煌。

"赢在中层"，是华迈对于中层班子成员的核心管理理念。彼时的华迈只有一位校长和一位副校长，没有完整的校级党政班子，中层机构也不完善。于是"高站位决策,低重心运行"成为华迈管理团队的共识。

通过大胆破除自上而下的高耸结构，华迈把中层领导推向管理的中心。每周的行政例会，中层干部都是主角，他们负责总结上周工作、部署安排本周工作,把需要配合协调的事情在例会中当场解决。我虽然在场,但身份却是最忠实的听者,只是偶尔进行点拨指导。华迈频繁的交流研讨活动,担任主持和点评的是中层干部;学校大型的活动,负责方案设计和操作流程的是中层干部;教师工作的安排、学生之间的矛盾,负责协调的还是中层干部。中层干部们在历练和培养中,造就了他们超凡的条理和能力,在澄迈县其他中学校长、教研员来学校进行为期一周的跟岗研修时,我们学校的中层干部们对学校的情况如数家珍,让大家觉得他们仿佛都是校长一般。校长的思想,变成了干部的声音,这就是华迈中层管理的"扁平化"。

而心新教育为中层干部实现价值而赋能,重在"赋愿、赋行、赋力、赋情"四方面。

赋愿,就是赋"愿景"、赋"价值观",重在描绘共同愿景。这是能让团队走得更远的关键。成长的内驱力产生于对共同价值的认同,情感与精神力量的共同感召。"文化是一种变成了习惯的生活方式和精神价值。它的最后成果是集体人格。"这是余秋雨对于"文化"的解读。学校文化理应成为全校师生教育生活的方式与价值,最终形成这所学校的集体人格。

赋行,则是借助平台推动中层行动。"行"就是"做",一所学校的管理文化不是把口号和理念放在嘴上,而是落实在行动当中。怎么做?一定要让汗水和泪水搅拌在一起。我们搭建专业发展平台,通过聚焦课堂、教科研和骨干教师示范课,督促中层专业角度的发展;我们筹备综合发展平台,让中层在不同领域的多元背景下得到多方位的锤炼和拓展,实现综合能力的提升与跨部门融合管理。

赋力,要赋予中层干部核心竞争力和关键领导力,其中包括执行力、创造力、凝聚力和影响力。执行力是理解学校决策目标并组织实施的能力,即将学校计划、方案、办学理念和思想变成现实的操作能力。学校中层的良好执行力,具体表现在高度、速度和力度这三个

"度"上。高度，是指按决策层的要求高标准完成工作；速度，是指按目标时限开展与完善工作；力度，是指在执行过程中保持始终如一的水平，确保取得成效。

创造力是产生新思想，发现和创造新事物的能力。创造新概念、新理论、新方法、新作品都是创造力的表现。学校中层干部的创造力有助于推动教育的改革与创新，优化教育资源配置，激发教师团队的积极性与创造力，培养学生创新精神与实践能力。在快速变化的教育环境中，中层管理人员需要具备创造性思维，以应对新的挑战和机遇。

凝聚力是满足所有成员多种需要的吸引力。它既是校长凝聚团队的力量，又是中层对成员的吸引力，也是团队成员之间的相互吸引力，是团队向上凝聚的力量。凝聚力使团队成员产生归属感、责任感、自豪感，愿意主动合作，热情工作。中层干部作为教师团队的领袖，更要拥有激励能力、沟通能力、协作能力、培养他人能力等，以此凝聚团队。

影响力则是用一种别人所乐于接受的方式，改变他人的思想和行动的能力。中层干部是教师专业的典范，具有潜在的和现实的影响力，应该以自己的个人品质影响团队的思想、行为、习惯甚至决策，以及他人的评价、认同。

赋情，就是要释放故事力，讲好华迈故事。故事力可以通俗地理解为故事的力量，是用故事思维去看待世界、与世界沟通的能力。美国未来学家丹尼尔·平克把"故事力"看作是决胜未来的六大能力之一。华迈要做有故事的教育，办有温度的学校，当有智慧的老师，育有情怀的学生，因此华迈的中层干部必须是有故事力的中层。

我国著名教育家叶澜教授说："在一定意义上，教育是直面人的生命、通过人的生命、为了人的生命质量的提高而进行的社会活动，是以人为本的社会中最体现生命关怀的一项事业。"教育并不是要强扭什么，而是要使原本就因生命存在而充满内在生机的教育，从被传统教育弊端造成的"沙漠状态"，重新转回到"绿洲"的本真状态。从这个角度看，一所学校的中层队伍的本质价值，应该是借助学校管理机制，在建设教育的"生态工程"中，完成生命的返璞归真。

建一所学校，聚四海众人，攻多项重任，铸革命情谊，这大体就是一所学校构建的整体框架。如果说校长的领导力决定了这个框架的"顶"有多高，那么中层领导力则决定了它的"底"有多厚。作为学校生长发展的关键环节，中层团队起着至关重要的领衔作用，是一所学校的四梁八柱。华迈这所新建校，通过赋能激活中层，让整个团队以最美的状态共生共情，华迈的故事正发生，华迈的未来正发生。

第七章

校园场域 对话超级能量场

发源于17世纪的"物理场"理论，在历史演进中逐渐萌生出"场域"这一概念。随着科学的不断发展，"场域"概念逐渐超越物理学范畴，被引入到其他学科领域，成为跨学科研究的重要表述。

21世纪初，国内学界基于当代教育学立场，开始尝试场域的教育学移植和转换，并对"教育场域"的内涵与外延进行探索和诠释。有国内学者将"教育场域"定义为"教育者、受教育者及其他教育参与者相互之间所形成的一种以知识的生产、传承、传播和消费为依托，以人的发展、形成和提升为旨归的客观关系网络"。[1]也有学者从价值维度和空间维度两方面来解读"教育场域"，认为它既是促进人格教化、实现个体价值的一种能量，又是教育网络构建的一种开放性关系空间。

迈入新时代的华迈中学基于心新教育理念，提出了一个关于校园场域的全新解读——"能量场"，并通过不断创设人文、智慧、生态的学校环境，激活学校创造性场域。我们的孩子身处其中，即使无法立即引发翻天覆地的变革，也能让每个人在无形中受到其深远的熏陶。

1　刘生全. 论教育场域[J]. 北京大学教育评论，2006, 4(1):14.

第七章 校园领域：对话超级能量场

第一节
心新启迪：激活创造性场域

融入阳明心学与东坡新说的心新教育，是关于心灵常新、报国为民的教育。在阳明心学的定调下，以心为始，华迈获得了"心"的起点；从东坡新说的启示中，以新为行，华迈开启"新"的行动。心新教育理念不仅深刻影响着华迈中学的学术氛围，更为我们创新教育的实践奠定了坚实的理论基础。

在此基础上，我们进一步思考如何在华迈中学这片充满希望的沃土上，巧妙地种下创新的种子。为了实现这一目标，首要任务便是"激活创新性场域"。

创造性场域，顾名思义，是一个鼓励、激发并培养创造性的环境或空间。它容纳多种思想、观点和方法，鼓励不同个体和团队之间的交流和合作；它随着个体和社会组织行动的影响而不断演变和发展；它内含各种力量和潜力，能够激发个体的创造性和创新能力。校园这个场域不是单向地影响学生言行举止，助推学生成长发展；学生也反作用于校园场域，为其赋予意义、实现价值。

我始终认为，中学校园不应该只有死板的围栏和冰冷的建筑。"入芝兰之室，久而不闻其香，即与之化矣。"通过内化于心，外显于形的场域设计塑造浓厚文化氛围，给学生潜移默化的影响，在无形中激发他们的创造力，才是新时代校园应有的解题思路。

"形者神之质"，要想让学生们了解心新教育、接纳心新教育，最终成为心新教育希望培育出的模样，就需要把心新教育彻底融入校园场域建设中,将阳明心学与东坡新说的精髓外化于校园的一草一木、一砖一瓦之间。即以环境育人为要,浇铸校园物理空间。为达到这一目标,我从两个方面着手华迈场域的物质建设。

01 凸显华迈特色

在当今教育日益重视个性化与特色化发展的背景下,构建独特且具有凝聚力的学校文化成为聚集学校精神的重要一环。为了实现这一目标,学校文化的呈现需要聚焦,并由此焦点向全校进行辐射传播,进而有效引导学校各项活动的发展方向,加深师生对学校的认同。

司马迁在《史记·太史公自序》中提出"神者生之本也,形者生之具也"的概念,这是说,精神是生命的本源,形体是生命的外在表现形式。从这种唯心主义的观点中,我提取出了一些办学思路:把心新教育引领下的华迈精神融入物质表达,使华迈场域形成一种有特色的、有焦点的氛围。

国旗校旗班旗高高飘扬

于是，华迈将心新教育的内核，与学校特色一同融入学校物质建设中，校园建筑风格、景观布置以及文化氛围，都传递着心新教育所提倡的积极向上、追求卓越的精神。这种精神促进学生们在无意识中接受心新教育滋养，使他们养成深度自主的学养、孝诚勇毅的心性、包容担当的情怀，合作创新的意识，最终得以拥有谦谦如玉、铮铮若铁，卓然独立、越而胜己的品格。

华迈校园特色建筑，总体呈现"两条轴线、五个广场、八大景观"的布局。两轴，即学校正门—正心楼南北轴线和西门—中心配电房的东西轴线；五广场，即围绕两条轴线分别建设了华耀广场、妙笔生花广场、飞天秀广场、阳明广场、东坡广场；八大景观，即"华"字雕塑、"妙笔生花"雕塑、青云桥、"飞天秀"雕塑、金钥匙雕塑、阳明澄雕塑、东坡迈雕塑、东坡浮雕墙。代表学校办学理念的两条轴线交汇于青云桥，寓意为华迈学生"发现自我、赢得未来"时，必然青云直上，成为最好的自己。

从校门口的"华"字雕塑开始，让我们走进华迈校园，共同体悟心新教育的华迈场域概貌。

"华"字雕塑定基调

校园入口，不仅是一道门，更是一道心灵的桥梁，它引导学生们从喧嚣的世界步入宁静的学海。学生进入校园需要一个心境转化的过程，所以校园入口应当发挥精神洗礼的作用，让学生酝酿学习情绪，感受学习氛围。

因此，对于校园设计而言，入口场域的塑造显得尤为重要。在华迈的正门口，就屹立着一座鲜红的"华"字雕塑。中国红与汉字有机结合，令整个雕塑具有强烈的象征性与图腾意义，奠定了整个学校文化系统的基调。

"华"字雕塑灵感来源于华迈的首字"华",雕塑将中国传统建筑"斗拱"结构与汉字"华"双关叠加,并有机融合为一体,寓意学校培养的是"中华之栋梁",凸显了"华"文化的专属性,以及公共空间的共享性、互动性。

而作为八大景观之重要组成部分,"华"字雕塑不仅承载着艺术审美之重任,更需与校园之整体规划及教育理念相契合。

我们将"华"字中的部分笔画设计为"加、减、乘、除"四个数学符号,其中"加"代表知识之积累,"减"代表课业之轻松,"乘"代表智慧之升华,"除"代表精神之凝练。在文字雕塑中融入数学的加减乘除元素,也包含了华迈的多重考量:加减乘除不仅是基本的数学运算,也象征着知识的积累、思维的拓展和能力的提升。这座雕塑旨在传达心新教育对基础教育的理念——通过不断学习和实践,实现个人的成长和进步;数学作为自然科学和社会科学的基础,与文字的结合象征着逻辑与表达的和谐统一,这种融合鼓励学生们打破学科壁垒,培养跨学科的思维能力;同时,数学中的加减乘除元素与文字的结合,也是一种创新的尝试,这种新颖的设计在某种角度能促进学生主动探索和学习的动力。

在这每日必经之地树立起的定调雕塑,成了华迈学生成长的记录仪——它见证了学生们从青涩少年到成熟学子的蜕变,记录了他们青春的欢笑与泪水。即使毕业离开校园,关于"华"字雕塑的记忆也将永远镌刻在他们的心间,成为他们人生旅途中最宝贵的财富。

"妙笔生花"擎旗号

走入学校大门,经过"华"字雕塑,穿过正心楼办公室,挺立在师生们面前的是华迈的另一代表性雕塑——"妙笔生花"雕塑。其核心构成元素——毛笔、莲花与雕刻着百家姓的玉璧,每一部分都承载着深远的意义。

毛笔，作为中华传统文化的精髓之一，不仅象征着知识的传承与智慧的累积，还寓意着在华迈的引导下，学生们将学会如何以严谨而富有创造性的笔触，勾勒出各自精彩纷呈的人生轨迹，同时体现了华迈坚持心新教育理念，矢志不渝地"为党育人、为国育才"的使命。

莲花，自古以来便是高洁与纯净的象征，在此雕塑中，它代表着华迈致力于培养的谦谦君子形象，鼓励学生们保持内心的纯洁与高尚，如同莲花般出淤泥而不染，质洁如莲，追求道德与学识的双重提升。

玉璧，作为中国古代文化中的珍贵礼器，出现在此雕塑中，不仅彰显了华迈对于传统文化的尊重与传承，更寓意着心新教育在教学过程中追求的相互成就与和谐共生。它象征着教师与学生、家庭与学校之间的紧密合作，共同促进学生全面发展，实现教育资源的优化配置，达到"教学相长，家校合育，珠联璧合"的理想境界。

百家姓的雕刻，则是心新教育对多元文化包容性的颂扬。它提醒我们，在华迈中学，师生们的每一种思想都有其独特的价值与位置，正如百家争鸣，各美其美，和而不同，共同构筑起一个多元、开放、包容的学习环境。

作为心新教育理念与精神追求的集中体现，"妙笔生花"雕塑有着超越"华迈八景"的重要意义。它象征着心新教育为每一位师生搭建发展的阶梯，致力于发现、点亮并成就每一位学子的潜能与才华。我们希望在这座雕塑的鼓舞下，每一位华迈学子都能以笔为舟，以梦为帆，勇敢地驶向理想的彼岸，用"生花妙笔"书写属于自己的人生华章。

"飞天秀"雕塑立高标

距离"妙笔生花"雕塑不远的飞天秀广场上，"飞天秀"雕塑作为华迈场域文化的代表之一，静静地矗立着。这不仅仅是一座雕塑，更是心新教育与海南地域文化深度交融后的物质结晶象征。

华迈之"秀"，有四重寓意：首先是山明水"秀"，不仅描绘了海南碧海蓝天、生态宜居的画卷，更寓意着心新教育致力于为学生提供一个如诗如画的成长环境，滋养心灵，培育英才。

其次是钟灵毓"秀"，寓意，好山好水地灵人杰；则强调了海南之深仁厚泽，凭借好山好水孕育出无数杰出人才，华迈亦以此为鉴，努力培养具有深厚文化底蕴与时代精神的新时代青年，并让他们成为中华民族伟大复兴的生力军、海南自贸港建设的领军人。

另外是龙章"秀"骨，象征着海南文脉的源远流长与多元文化的交相辉映，心新教育秉持这一精神，鼓励学子在继承传统的基础上勇于创新，为文化的传承与发展贡献力量。

最后是千岩竞"秀"，比喻华迈学子如同自然界中千姿百态的岩石，各自独特又相互映衬，各美其美，美美与共，共同构建了一个多元共存、和谐共进的学术氛围。

"飞天秀"雕塑同样采用了中国红作为底色，在造型上汲取了中国历代名家书法"秀"字之大成，此雕塑灵感来源于闻名中外的"敦煌飞天"。敦煌飞天舞姿曼妙，是象征陆上丝绸之路的典型符号，寓意东、西方文化交流。当中国书法气韵生动的线条与敦煌飞天灵动飘逸的披帛融为一体时，"秀"字跃然而生；醒目的中国红与独具特色的校园建筑相得益彰，宛若游龙的丝绸纽带与绿树成荫相辅相成，具有强烈的视觉冲击力及文化地标效应。将代表传统文化的汉字符号与代表友谊互动的丝绸纽带相融合，预示着新时代的华迈学子必能"秀"出新亮点、新高度、新风采。

02 聚焦心新文化

如果学校里的一间屋子闲置在那里，它只能算是个物理空间，但当它成为教室，为师生活动服务，这个场地才有了意义。

校园场域除了需要场所、设施这类实打实的外壳之外，还需要一种无形的"心"的因素作为它的内核。"环境加上情境"，这才是华迈场域真正的概念。

王阳明龙场悟道，"心即理"的心学精髓由此发扬光大；苏东坡笔墨开新境，豁达创新态度自成一派。

我常提的一个说法叫"情有独钟"，突出体现的是一个"情"字。"情"是什么？是情境。华迈致力于把阳明心学与东坡新说渗透在校园场域的方方面面，打造出了充满"情境"的校园文化。

阳明广场明心理

高考百日誓师大会当天，阳明广场的百年榕树变了模样。平日里朴素的榕须被系上写着目标院校的心愿卡和灯笼，满树艳红在夏风中飘荡着。这是征战前的集结号，也是华迈学子将豪情壮志宣之于口的重要日子。

阳明广场

而在高大茂盛的百年榕树下，阳明澄雕塑手持妙笔，书写"立德、立功、立言"的三不朽经典。同学们依序触碰圣贤妙笔，在与先哲穿越百年的对话中，汲取"心"的力量，成就非凡梦想。他们虔诚地把心中的理想寄托给百年榕树，让它见证百日的奋斗，见证高考的成功。

眼前这一场景，在我办校之初就已然在脑海中勾勒过了。在计划修建阳明广场时，我很快确定了广场的两个关键意象——阳明澄雕塑和百年榕树。

稳坐在阳明广场的阳明澄雕塑，正如华迈中学的一位特殊师长，跨越时光长河的阻碍，静静地注视着满园桃李。我始终认为它能"听于无声，视于无形"，在它的襄助下，阳明心学深深融入华迈一隅，"心即理"的心学思想启示着华迈学子深入自己的内心，寻找真正的知识和智慧；"知行合一"的心学主张提醒学生们要将所学知识付诸实践，做到立身行道；"致良知"的心学观念点拨大家时刻反省自己的内心，从而培养出高尚的道德品质。

阳明先生说："知者行之始，行者知之成。圣学只一个功夫，知行不可分作两事。"建设阳明广场，不仅能让学生们获得对心学更深入的了解，更能润物无声地影响大家共同价值观的塑造。在阳明广场这一文化场域，华迈学子们明心理，获真知，把心的力量发扬光大。

古榕静立含意蕴

紧邻阳明澄雕塑蓬勃生长的百年榕树，作为校园内的一道独特风景，也蕴含着"心"与"新"的深刻文化寓意。我喜欢从"榕"字的内涵、欣欣向荣的"荣"、海纳百川的"容"以及多方融合的"融"四个维度来解析。

榕树以其强大的生命力和广泛的适应性著称，根深叶茂，象征着坚韧不拔的精神。对于华迈中学而言，它是一种学校精神的象征，鼓励师生们像榕树一样，无论面对何种环境，都能深深扎根，茁壮成长。

四季常青，枝叶繁茂的榕树，给人以生机勃勃、欣欣向荣之感。榕树的繁荣景象寓意着学校教育的繁荣兴盛，华迈希望每一位学子都能在这里汲取知识的养分，茁壮成长，最终实现个人的全面发展和社会价值的最大化。

榕树树冠庞大，枝叶伸展，仿佛能包容万物，这与"海纳百川，有容乃大"的精神相契合。华迈中学通过这棵百年榕树，传递出一种开放包容的教育理念，鼓励师生们拥有宽广的胸怀，接纳不同的思想和文化，促进多元交流与融合。

第七章　校园领域：对话超级能量场

大榕树

立于华迈校园的这棵百年榕树，还饱含着我们促进知识、民族融汇的深意。在基础教育阶段，知识的融合，就如同榕树根系的交织，不同学科、不同领域的知识相互渗透、相互影响，共同滋养着学生的心灵；

榕树的榕须常常相互缠绕，象征着不同知识体系间的交叉融合，在华迈，我们鼓励跨学科的学习和思考，力求实现学生们创造力的激发；在海南这样一个多民族聚居的地方，我们汇聚了来自五湖四海不同民族的学生和老师，大家像榕树的枝叶一样，虽然各有特色，但都紧密相连，共同为教育的繁荣发展贡献自己的力量，也体现了我们对民族融合的美好愿景。

东坡迈广场得心意

澄迈县老城镇是苏东坡登陆海南的第一站，可以说，苏东坡与海南的缘分是从这里开始的，在《澄迈驿通潮阁二首》中，苏东坡发出了"余生欲老海南村"的感慨。

苏东坡的一生跌宕起伏，因"乌台诗案"被贬黄州，又因变法派打压被贬惠州，最后被贬海南儋州，但是他并未一蹶不振，仍能在低谷中完善自我，升华自身，在文、诗、词三个方面都达到极高的造诣。遭受坎坷之时，他既坚持操守又修身养性，躬耕田亩、开圃种药、酿酒制羹、赏玩山水、著书立说、吟诗作文、评艺论史、广交朋友，参禅养身等，怡人自乐。可谓进可安天下，退能山水怡自身。

于是，华迈修建东坡迈、东坡融广场作为容纳东坡新说的专属场域，邀请雕塑家张晗东先生结合心新教育理念和东坡精神，设计出独一无二的东坡迈雕塑和东坡浮雕，在丰富华迈场域文化的同时，让华迈"环境育人"的目标落到了实处。

每年，我们还会在东坡广场举行专门的主题活动，用华迈特有的方式致敬一代文豪苏东坡。我们曾邀请全国著名苏学专家李公羽先生为东坡迈雕塑揭幕；邀请苏学名家——海滨教授为同学们讲授"开学第一课"，举办数次专题讲座和报告；编排舞台剧《破荒者》《东坡先生，常回家看看》；结合"五育融合"教育，从不同角度有重点地组织各种活动，让学生在丰富的活动中感受和学习苏东坡丰富的生命实践和顽强的意志情怀……

现在的华迈中学，在用场域诠释心新教育这一方面已小有所成，因为阳明的思想和东坡的精神已经与校园融为了一体。在东坡广场，学生们不仅身着古装演绎苏东坡诗词，还在"一日东坡"生活体验活动中，尝试制作东坡传统美食。语文课上，当学到苏东坡的诗词，我们经常会将课堂搬到东坡广场，通过特定的环境加深对课堂知识的理解……

在场域的引领下，东坡新说浸润着每一个华迈人的心田。

青云桥上步青云

校园是"对话"的场所。与同学对话，华迈学子们收获平等与友谊；与师长对话，华迈学子得到启迪心灵的机会；而与校园场域的"对话"，能拨动华迈学子热爱校园、传承心新教育理念的情怀。

华迈学子与校园场域"对话"的最独特的机会，我认为当属初三学子的成长礼和高三学子的成人礼暨毕业典礼活动。毕业典礼活动盛大又庄严，毕业生们需要从妙笔生花广场、青云桥、108级青云石级凤凰林荫路走到秀字广场，参加最终的毕业典礼。平时他们行走过无数遍的路，在即将毕业的一刻，都浓缩为了他们的一段成长路。

青云桥，作为"华迈八景"最后一景，象征着华迈学子经过三年的学习拼搏，在阳明心学和东坡新说的共同培育下，即将迈向平步青云的新未来。

在这同华迈最后一次"对话"的机会里，大家一步步踏过青云桥的大理石砖，抚过一根根刻下时光印记的桥柱，这无声的告别，托举起华迈学子明天的希望。稚子已日渐成熟，雏鹰就要从这里起飞，我们高唱"愿君生羽翼，一化北溟鱼"，在阳明心学的智慧光芒与东坡精神的豁达情怀照耀下，看东风得意，青云路稳，祝百尺竿头，更进一步。

华迈夜幕下的青云桥

  春风化雨，润物无声。通过校园内的物质场域塑造，华迈成功地将心新教育的内核填充进校园的每个角落。华迈的每一个学生，在成长的道路上，都能感受到阳明东坡两位圣哲带给他们的力量；华迈的每一位教师，也在这文化气息浓郁的校园和谐场域里，书写教育华章，共筑教育梦想。

第二节
智慧匠造：心灵栖息的空间

在华迈的广阔教育天地间，每一间教室都是最小单位的教育场域。作为构成校园的最基本单元，教室设计直接影响着学生的学习体验。我一直秉持一个理念，就是"要想培养出心灵美的学生，首先要匠造学生心灵可以栖息的教室空间"。

这一理念根植于教育环境的深远影响。教室，作为学生成长的主要场所，其设计、氛围与教学内容的实施方式，都潜移默化地塑造着学生的心灵。

首先，有心灵的教室强调环境的启发性。"能由境能"，这是源自佛教禅宗经典文献的表述，意为"主观意识和察知心由外在的境界引发"，放在现代教育领域同样适用。一个充满创意、设施簇新、布局合理的教室，能够培养学生的好奇心与探索欲，使他们在愉悦的氛围中学习，从而更容易激发出求知的热情。这样的环境鼓励学生表达自我，也促进学子间思维的自由碰撞与灵感的火花四溅。

其次，心灵可以栖息的教室注重教学方法的灵活多样与个性化。它要求学校课程不仅要在意知识的传授情况，更要关注学生的情感需求与个体差异，利用丰富的教学用具，采用启发式、探究式等教学方法，激发学生的思维活力和创新能力。

再者，心灵可以栖息的教室强调人文精神的渗透。通过融入国学、艺术、历史等人文学科的内容，教室成为传承文化、弘扬美德的阵地，引导学生理解并尊重多元文化，培养他们欣赏中华传统文化的审美意趣和传承中华传统文化的责任感。心灵可以栖息的人文教室环境有助于学生形成健全的人格，让他们的人格更加丰盈和深刻。

随着心新教育理念的不断充实完善，打造华迈"心灵可以栖息的教室"，已成为我们提升教学质量、激发学生潜能的必需要素。为了助力中华民族伟大复兴，并为海南自贸港建设培养领军人才，华迈中学用心打造心新化的学科教室、数字化的创新型教室以及有温度的书香校园，充分顺应新时代教育发展的必然要求，构筑华迈学子更宽厚、更富有心新精神的家园。

01 心新化的学科教室

英语空间

英语多功能教室，作为我校践行心新教育思想中"从心启程"理念的前沿阵地，是激发学生英语学习热情、提升语言运用能力的多功能殿堂。华迈的英语多功能教室，不仅承载着日常教学的重任，更是学生探索英语世界、展现自我风采的活力舞台。

教室内部布局匠心独运，配备的可移动桌椅极大地增强了教学灵活性，为开展形式多样的教学活动提供了无限可能。无论是小组讨论、角色扮演还是项目合作，都能轻松实现，满足不同人数小组的学习需求，从而促进学生之间的交流与协作，让课堂互动更加生动有趣。

海量英语教育资源，搭配先进的互动朗读设备，为师生互动搭建了高效便捷的桥梁。教师能够利用丰富多样的教学资源，创设沉浸式学习情境，激发学生的学习兴趣，同时，实时的互动反馈也帮助学生更好地理解知识点，提升学习效率。

无线耳机则是学生聆听地道英语、磨炼听力的秘密武器。戴上耳机后，同学们沉浸在纯正的英语环境中，无论是模仿发音、练习听力理解，还是欣赏英文歌曲、观看英文电影，都能随心所欲。

此外，教学楼下还特别设置了朗读亭设备，意在鼓励学生大声朗读，勇敢表达。在这里，学生可以自由选择喜欢的英文材料，无论是经典文学作品还是现代时事文章，都能在沉浸式的环境中反复练习，不仅锻炼了口语表达能力，还培养了良好的阅读习惯和自信心。

这间集现代化、互动性与人性化于一体的英语多功能教室，在推进教学方式创新的同时，更为学生提供了全方位、多层次的英语学习环境，让他们在轻松愉快的氛围中，从心出发，迈向更加广阔的英语世界。

国学空间

华迈中学的国学教室，以其独特的中式私塾设计风格，为国学教育提供了别具一格的教学环境。受阳明心学强调内在修养与知行合一的影响，在此教室的设计中，我们通过细节来体现对学生心性培养的重视。

教室的设计将传统文化的精髓融入每一个角落，同时还巧妙地融入了现代时尚元素，使得整个空间既古朴又不失活力。绿植的点缀、精致的摆件、温馨的灯饰以及古朴的门窗，这些意象事物的巧妙搭配，让学生在享受国学魅力的同时，也能感受到多方面的教育熏陶。

教室内的传统中式桌椅设计，不仅还原了历史时代的厚重感，更将一种深沉的学习氛围融入其中，为学生们打造了一个优质的学习与协作空间。心学注重内在体悟，这样的设计有助于学生静心思考，促进内在修养的提升。这样的设计，无疑对教学的推进起到了积极的促进作用，使教师在传授国学知识时，能够更加得心应手，学生们也能在这样的环境中更加专注地投入学习。

国学教室的主要设备同样体现了对传统文化的尊重与现代教育的结合。新说强调知识的更新与实用性，现代教学设备的配备，正是为了满足这一需求，让学生在掌握国学知识的同时，也能接触到最新的教学技术。现代教学设备的配备，使得国学教育能够与时俱进，而学生桌与学生蒲团座则让学生们在体验传统学习方式的同时，也能感受到舒适与便捷。特别是国学教室的课桌，高度设计为75厘米左右，既符合人体工学，又还原了古人矮桌习字的传统，且选用节能环保的纯天然装饰材料，实木材质经过烤漆处理，既美观又实用，为学生们提供了一个艺术专业领域的学习桌。

此外，国学教室的设计还便于学校的个性化选择与持续性改造。新中式风格的教室，蕴含了中国文化的精髓。于琴棋书画之中、诗酒花茶之下，放上古筝，与高山流水瑟瑟共鸣；摆上中式茶具，书法教室秒变茶艺教室，万般清雅，皆在一碗茶烟之中；茶具收起，围棋棋盘摆上，茶艺教室摇身一变成为围棋教室；亦可作为吟诗诵词、品鉴经典的国学教室，我们将国学教室打造成了集多种功能于一体的综合性教室。配合软装设计，辅以中国文化知识的浸染、大家名著的熏陶，为学生营造琴棋书画、古色古香，自然融入传统文化的空间美感，打造出了沉浸式的文化空间。

既有传统文化的深厚底蕴，又有现代教育的灵活多变，心学与新说的结合，在国学教室的设计中得到了完美体现。在此种环境中学习，同学们不仅能够更好地领略国学的魅力，更能在潜移默化中培养出对传统文化的尊重与热爱。

书法空间

"书出于心，既劲且方。"心学强调内在修养与书法艺术的静心体悟相结合。为了深入探索书法这一古老而深邃的学科，华迈智慧书法教室以其独特的设计理念与先进的科技设备，为书法教学注入了新的活力。这间教室不仅是一个传授书法技艺的场所，更是引领学生沉浸于书法艺术、深切体会传统文化韵味的宝贵环境。

教室的核心设备——教师中控系统，犹如书法教学的指挥中枢，由教师主机、手绘屏、键盘、鼠标及中控条案组成，为教师提供了便捷高效的教学操作平台。而直播系统的加入，则让书法教学突破了传统的局限，教师可以通过直播展台和软件系统，将书写过程实时展示给学生，每一个细微的笔触、每一次墨色的变化都尽收眼底，使学生在观摩中领悟书法之美，从而有效提升教学效果。

学生端的核心产品——交互式数字临摹台，更是将科技与传统完美融合。它不仅具备屏幕多点触控、防水、抗压、护眼等特性，还允许学生外接耳机和鼠标，铺上毛毡、宣纸，即可用毛笔进行临摹练习。这种设计不仅保护了学生的视力，还在模拟真实书写环境的同时，让学生享受到科技带来的便利。学生可以通过临摹台同步教师主机画面学习，也可以在自学模式下，登录个人账号进行自主练习，极大地提高了学习的灵活性和效率。

书法临摹桌作为学生使用的硬件一体的实木古典书桌，其设计更是匠心独运。每张桌子都镶嵌了两个交互式数字临摹台、两个互动系统、两个专利墨盒以及一个笔洗，桌子内侧设置的独特全自动笔洗系统及丰富的数字化交互接口，这样的设计不仅方便了学生使用，更让他们在每一次的书写中都能感受到传统文化的韵味和书法的独特魅力。

华迈智慧书法空间

心学与新说的融合，在华迈智慧书法教室的设计中得到了完美展现，既保留了传统文化的韵味，又融入了现代科技的便利，使书法这一古老艺术在基础教育中焕发出新的生机。

历史空间

我校的历史学科专用教室，坐落于锦心楼一楼那条充满学术氛围的文科功能教室长廊之中，与周遭的文科教室交相辉映，共同构筑成我校一道独特而亮丽的风景线。这间教室，不仅是历史教学的专属殿堂，也是历史社团活动蓬勃开展的活力舞台，承载着学校部分历史常规课、引人入胜的历史公开课以及丰富多彩的历史社团活动课的重要使命。

教室内部，双屏显示器巍然矗立，全息交互学习系统引领潮流，多媒体触控历史模型让历史触手可及，而那条贯穿教室的历史时间长轴，则如同一条时光隧道，引领着学生们穿梭于历史的长河之中。

更值得一提的是，教室中的时间轴灯廊，以光影交错的形式，生动展现了历史的脉络；《富春山居图》画展，让学生在艺术的熏陶下，感受历史的深邃与博大。此外，各种精心挑选的历史实物教具，更是极大地丰富了学生的视野，激发了他们对历史学科的浓厚兴趣。这些设计，不仅彰显了学校对历史学科的深厚重视，更将学校的历史教育理念——培养明理、增信、崇德、力行的"历史人"，巧妙地融入其中。

地理空间

"学其所用，用其所学。"我校的地理专用教室，自2022年新建校后正式投入使用，内部通风流畅，采光充足，设计充分考虑了地理学科的特点，配备了先进的地理教学设备，如高清地球仪、三维地形模型、气象观测站模拟系统等。这些设备不仅直观展示了地理现象，还让学生能够在动手实践中深化对地理知识的理解，极大地提升了教学的互动性和实效性。

在这里，学生们不再仅仅是被动地接受知识，而是通过观察、实验、模拟等多种学习方式，主动探索地理世界的奥秘。同学们就此打开了一扇通往广阔地理世界的大门，让他们在探索中学习，在学习中成长，真正实现了地理知识的内化与外延。

02 数字化的创新型教室

在当今教育领域内，创新型智慧教室正逐步成为推动学生心灵成长的重要场域力量。

华迈智慧校园新生态中心

首先，在教育层面，数字化创新教室打破了传统教学的各类限制，使学习更高效。例如，华迈创建的创客教室以科技为载体，将创客课程、创客主题套件与创新设计相结合，采取寓教于乐的形式，达到提高青少年综合实践能力、创新能力的目的。在创客教室里，学生们以小组为单位协同合作，最终共同搭建出一个成功的创客模型。大家可以一起探讨问题，各自整理自己的疑惑，并和同伴共同解决。

在创客教室里，我们将传统教育与创客教育结合起来，让学生们在接触新事物同时，帮助他们打牢基础知识，从而获得更全面的发展。

其次，对于学生心灵的放松，数字化创新教室同样发挥着积极作用。

陶艺功能室，是华迈精心打造的一处融合了陶艺教学、心灵休憩与创意培养的多功能空间。教学区宽敞明亮，配备有12台拉坯机，为每位学生提供了充足的实践空间，让他们在动手创作中感受泥土的温度与生命的律动；烧制区则配备了先进的电窑，见证了无数作品从稚嫩到成熟的蜕变过程，每一次开窑都如同揭开一场视觉盛宴的序幕。材料储备区整齐划一，各类陶土、釉料一应俱全。

在这里，陶艺不仅仅是一门技艺，更是一种生活态度，一场心灵的修行。在陶艺功能室，学生发挥创意，自由塑造心仪的作品，释放内心的压力；陶艺制作需要高度的专注力，学生在制作过程中往往沉浸其中，忘却烦恼；完成一件陶艺作品后，学生又会感受到强烈的成就感，看着自己的作品从无到有，从粗糙到精致，他们会感到无比自豪……

在这里，华迈学子们共同探索泥土的无限可能，享受创作带来的纯粹快乐，感受心灵场域为我们带来的疗愈。

数字化创新教室还为学生提供了情绪管理和心理健康教育的平台。学生心理发展指导中心，就是关注学生内心世界的温馨港湾。

通过专业的心理健康管理应用或在线咨询平台，学生可以获取心理健康的理论知识，学习应对压力、调节情绪的方法，进而促进心理健康的成长。

在这里，同学们能得到专业的心理辅导和情感支持，这对于培养他们的心理韧性、提升自我认知和社会适应能力具有不可估量的价值。

建设基于数字化的创新型教室，究其目的根源，仍然是将"心"的力量融入教学场域，进而推动教学改革。我们利用沉浸式、趣味式、交互式的方法，让学生在学习中获得心灵的焕新，这就是华迈"打造心灵可以栖息的教室"的重要实践，从学生们的精神风貌和教学成绩来看，这个实践的成果是可喜的。

03 有温度的书香校园

阅读，是最好的学问。古往今来，阅读一直被视为提升自我修养的重要途径。苏东坡名句"粗缯大布裹生涯，腹有诗书气自华"生动地描绘了阅读对于个人气质的熏陶与提升，而阳明先生的"学问根本在日用间""百姓日用即是道"以及"知行合一"的理念，则强调了学问与实践的紧密结合，以及在日常生活中体现学问的重要性。这些古代先贤的智慧，为我们现代中学教育提供了宝贵的启示。

阅读对新时代中学生而言，其重要性主要体现在以下几个方面：

一是知识积累与视野拓宽。通过阅读，中学生能够获取丰富的知识信息，了解不同领域的前沿动态，有效拓宽个人视野；二是思维能力与创新能力培养。阅读过程中需要理解、分析与综合信息，这锻炼了中学生的逻辑思维与批判性思维，同时激发其创新思维；三是情感态度与价值观塑造。文学作品中的人物与故事往往能触动心灵，引导中学生形成正确的道德观念、积极的人生态度和健康的价值观；四是语言能力与表达能力提升。大量阅读能增强中学生的语言感知力，丰富词汇量，提高写作与口头表达的准确性和生动性；五是助力心理健康发展。阅读作为一种精神享受，有助于缓解学习压力，使人格平衡发展。

可以说，阅读对青少年的认知发展、思维训练、综合素养提升、三观塑造等至关重要。但是在来到澄迈后，我发现这里的孩子们阅读习惯并不佳，对阅读的兴趣也不浓厚。这是阅读环境和氛围的缺乏、多元娱乐方式的冲击，以及阅读习惯的培养不足共同带来的结果。

在澄迈县展开合作办学前，一些学校阅读氛围不浓厚的问题比较突出，学校图书馆资源不足、阅读空间有限。并且随着当今数字化、信息化高度发展，学生们面临着更为丰富的娱乐选择，网络游戏、社交媒体、短视频等新兴娱乐方式分散了学生投入阅读的时间和精力。此外，阅读习惯需要从小培养，如果学生在家庭或学校中没有得到良好的阅读习惯培养，也会导致他们阅读的兴趣不高。

中学时期是培养学生阅读兴趣的关键时期。要想扭转这样的局面，学校就应该大力鼓励学生多读书、读好书，来激发他们的阅读兴趣，让他们在阅读中体验到快乐和成就感。这就是我提出的从"阅读"到"悦读"的概念。

什么是"悦读"？"悦读"这个词融合了"愉悦"和"阅读"两个概念。"心情愉悦地阅读"，这是"悦读"最直接的含义，我们希望在阅读过程中，孩子们可以体验到书籍带来的快乐，享受与书中内容共鸣的时刻。

除了阅读过程中的愉悦感，"悦读"还指同学们在阅读之后产生的满足感和成就感。通过阅读，他们可以获得新知识、新体验。

"悦读"也强调学生的自主性和主动性。它要求学生自主选择书籍并进行理解。这种阅读方式有助于培养学生的阅读兴趣，帮助他们积累更多知识和文化素养，进而提升个人素质与人文情怀。

"悦读"还应该是一种教学理念。强调在教学过程中，学校需要加大学生阅读的财物投入，创建大量的阅读场所，为学生打造阅读的乐园。

苏霍姆林斯基说："一所学校可以什么也没有，但只要有图书馆，就可以称之为学校。"阿根廷著名作家博尔赫斯则认为："我心里一直都在暗暗设想，天堂应该是图书馆的模样。"

要想真正实习从"阅读"到"悦读"的教育目标，我们首先得为孩子们提供一个沉浸式的"悦读"场域，这也是华迈打造有温度的书香校园的初衷。

我们华迈，就是从建设新型图书馆开启打造有温度的书香校园之路的。

传统图书馆往往是单独的一幢楼，功能主要是藏书、外借、阅读等，时间越长，馆内的图书越陈旧，利用率越低。图书大都被"雪藏"在高高的书架上，图书馆成了名副其实的"藏书馆"。

既然海南孩子在阅读方面比较弱，华迈的教育就必须补上这门弱项。于是，我们努力打造书香校园，营造"让阅读无处不在"的读书氛围。华迈想构建的现代新型图书馆，不一定需要单独一栋楼。图书馆作为学生的阅读场所，不仅是学习书本知识，也是创意分享与互动交流的地方，更是师生学习、交流、共享信息、思想碰撞的场所，是"人"的场所。

在学校建设规划中，没有专门的图书馆大楼，因为我认为，华迈的图书馆，应该是"校园有多大，图书馆就可以有多大"，让每一栋教学楼都有图书馆，让图书馆就在学生身边。于是，华迈的"图书馆"，就变成了无处不在的"空间道"。

细数华迈"空间道"图书馆的构成，包含心新书院、心空间、新空间、心新图书馆、人文长廊智慧空间、创客长廊智慧空间、千寻悦享小屋、朗读亭8个阅读空间和研空间、创空间、绘空间、乐空间、舞空间等14个空间在内的22个阅读场域。丰富的阅读空间，充满艺术格调，让学生随时都能找到读书的地方，使阅读自然而然地发生。

"心空间"与"新空间"是学校最初打造的阅读空间，在这里书架与空间设计完美统一，私密阅读区、小组展示区、书画区、棋类区、手工制作区、音乐展示区、集会分享区、茶语休闲区应有尽有，阅读与分享同时发生，阅读与生活近距离碰撞。建校以来，两个阅读空间全天候开放，师生可以随时进入，不受限制，他们可以随意在这里看书、练书法、画画、做手工、小组交流、学习展示，这里不仅是阅读空间，更是多元学习中心。

为了使建筑功效最大化，华迈把"新空间"台阶下的空间设计成了"千寻悦享小屋"，孩子们利用碎片化时间走进屋内，拿一本喜爱的书籍，坐在蒲垫之上，身体依靠着书架，静静地享受着自己的阅读时光。这些阅读空间成了孩子们学习生活之余，最喜欢到来的地方，阅读自觉地融入到了孩子们的生活之中。

正心楼一楼的心新书院也成为学校阅读空间的一部分，这里装修庄重典雅，正面背景墙上雕刻的《华迈赋》以文化境，以境育人，是每一位华迈学子必修的功课，大厅两侧放置座椅供学子阅读学习，穿堂清风吹过，令人惬意舒畅。

位于逸华楼二楼的心新图书馆建成于2022年4月，图书馆对学生阅读空间的思考基于"让阅读成为一种生活"的原则，其中学生阅览室位于一个大开间的独立空间内，将检索区、借阅区、新书推荐区、自由阅读区、读写区、小组讨论区、阅读分享区、教学区等多维空间串联组合形成复合阅读生态园，更有科技之翼助力理性之思，华迈所配备的电子检索器、在线阅读服务、自助借书系统让智慧微光凝聚得更加完整。

在华迈悦读场域中，我们正在完善这个有温度的书香校园，努力实现"悦读无处不在，畅享随时发生"的远大目标。

第三节
生态校园：绿以泽人，劳以塑心

绿，向来便是象征希望的颜色。"碧玉妆成一树高，万条垂下绿丝绦"是对春柳勃勃生机的形象描绘；"渭城朝雨浥轻尘，客舍青青柳色新"是早春的烟雨朦胧和春意清新；"一水护田将绿绕，两山排闼送青来"是绿水青山相映成趣的田园风光；"日出江花红胜火，春来江水绿如蓝"是江南之春的壮丽景色……

校园中需要更多绿色，因为它代表着生命的活力与新生。绿色与生命的复苏、希望的萌芽紧密相连，也象征着我们对同学们茁壮成长的期许；人们容易将绿色与平和、希望等积极情感联系起来，因为它给人宁静、舒适的感觉，能为同学们提供稳定的情绪价值；绿意的存在能够缓解视觉疲劳，还有助于缓解压力，减轻焦虑和抑郁情绪，对师生的心理健康产生积极影响。

华迈植物园一景

从校园生态场域的角度考虑，充盈着绿色的校园还可以作为一个生动的自然课堂，为学生提供观察、学习和实践的机会，于无声处增强环保意识和生态责任感。

所以华迈把绿引入校园，运用生态学的基本原理与方法，以绿漫校园、生物多样的自然群落栖地、园林景观为主要载体，规划、设计、建设、管理及运行，推动人与自然关系和谐共存。我们致力于打造物种布局结构合理，自然环境优良，物质、能力、信息高效利用，集学习、工作、活动、休闲功能于一体的环境友好型人工生态校园，以绿润人，以美润心，让学生在自然的生态环境中感受多元的生态价值，形成与自然共生的观念。

01 绿以泽人

华迈校园中，绿植林木不一而足，将这些绿意盎然的植株赋予教育意义，是华迈在场域育人方面做出的心新尝试。绿以泽人，我们以树木之姿喻人生之道，借自然之力启智慧之门。

大肚木棉开前路

在华迈校园中，我们种了12棵大肚木棉。大肚木棉是一种极具观赏价值的落叶大乔木，它的生长周期较长，且随着年岁的增长，其树干会逐渐膨大，形成独特的景观。我希望华迈的学生，能在学校的教育下，持续不断地增长知识、品德和能力，如同大肚木棉一样，经历时间的洗礼而愈发茁壮。

大肚木棉膨大的树干形态独特，不仅寄予着我对学生们培养宽广胸怀和包容心态，尊重他人、理解他人的期望，还提醒着每一位老师，在教育过程中，应该具有包容的心态，接纳不同背景、不同性格的学生，为他们提供宽广的成长空间。

于2021年被列入《世界自然保护联盟濒危物种红色名录》的大肚木棉，对华迈而言更是一种文化的传承。在华迈校园中种植这一珍稀树种，不仅是对其的保护，还象征着对传统文化的尊重和传承，同时也希望学生们能够像大肚木棉一样，成为文化传承的载体，将优秀的文化基因代代相传。

从更浪漫的角度来看，大肚木棉还饱含着华迈深刻的人文关怀。大肚木棉的花语为"珍惜眼前的幸福"。中学阶段是学生人生观、价值观形成的关键时期，也是他们学会珍惜、感恩和把握当下的重要阶段。通过种植大腹木棉，华迈以一种隐喻的方式，向学生们传达珍惜学生时代、感恩师长同学的青春启示。

每当学生们漫步在校园中，看着盛开的淡紫色花朵，他们踏出的前进步伐想必会更加坚定。

妙笔生花，树书新篇

在学校正厅附近，种着12棵加拿利海枣，12象征时间的循环，代表团圆、完整和完美，我将它们命名为"妙笔生花树"。

加拿利海枣树形挺拔，枝叶繁茂，"笔挺如松，墨绿如海"。其羽状复叶密生，长而舒展，形似书写时流畅自然的笔触，因此我将其比作"妙笔"，而整个树冠则如同一幅正在绘制的画卷，寓意着"生花"之作。

在中国传统文化中，"笔"是学问和智慧的象征，而"妙笔生花"则形容文笔精妙，能够写出优美动人的文章或画出栩栩如生的画作。华迈的"妙笔生花树"承载着智慧和创造的精神，激励学生们勤奋学习，追求卓越。

在学习知识和培养能力的中学阶段，我在校园间种下"妙笔生花树"，希望华迈学子们能像这些树一样，茁壮成长，不断汲取养分（知识），最终绽放出属于自己的光彩（成就）。同时，也鼓励学生们在学习和生活中，勇于探索、创新，用自己的"妙笔"书写出精彩的人生篇章。

重阳木，不忘初心

在校园内发荣滋长的108棵重阳木，也作为生态场域的构成部分，默默发挥着它们的作用。

重阳木是海南当地特色的树种，选择种植重阳木，是对地方文化的传承：我们不仅丰富了校园文化，还增强了学生对本土文化的认同感和自豪感。另外，重阳木的生长周期长，生命力顽强，这与学校希望学生们能够拥有坚韧不拔、勇往直前的精神品质不谋而合。

对种植数量的选择也是我精心考虑的结果。为什么是108棵？因为华迈的首届高中毕业生有108人。这个数字可以让华迈不忘初心，永远铭记这一特殊的历史时刻，也体现着我们对教育使命的坚守：无论时代如何变迁，华迈都将始终坚守其教育初心，为培养更多优秀人才而努力。

而在传统文化中，数字"108"还常常与圆满、完整等概念相联系。这108棵重阳木，是我对一届届华迈学子圆满完成中学学业生涯的祝愿，也是我对他们的深切祝福。我希望他们能在学校的悉心培育下健康成长，达到学业与人格的双重圆满。

富贵榕，心新向荣

我喜欢在校园里种榕树。除了阳明广场的百年大榕树外，华迈校园入口处，还有两棵富贵榕，我命名为"心新向荣"树。

人们用"欣欣向荣"来形容草木茂盛、生机勃勃的景象，也常用来比喻事业或景象的繁荣兴旺。校门口的两棵富贵榕，象征着华迈充满生机与活力，正处于蓬勃发展的阶段。

从象征意义来解读，富贵榕作为一种观赏植物，其叶片翠绿、形态优美，常被视为吉祥、富贵的象征。在学校种植富贵榕，不仅美化了校园环境，还寓意着学校希望学生们能够像富贵榕一样，茁壮成长，未来能够拥有富贵吉祥的人生。

同时，两棵富贵榕相对而立，也象征着学校师生团结一心、共同奋斗的精神风貌，以及学校教育事业的双轮驱动、协同发展。

芭蕉舒展，心养新德

紧邻12棵"妙笔生花树"旁，我们种了许多芭蕉。芭蕉，是华迈中学极具象征性的代表树种之一。

芭蕉生长旺盛，生命力强。它是一种热带和亚热带地区常见的植物，其叶片宽大、翠绿，生长迅速，展现出旺盛的生命力和适应力。这种特点象征着学生们蓬勃的朝气和不断进取的精神，与华迈中学鼓励学生积极向上、勇于探索的教育理念不谋而合。

芭蕉四季常青，寓意永恒。芭蕉不随季节变化而凋零，这象征着华迈中学对教育的执着追求和永恒承诺，即无论时代如何变迁，学校都将坚守教育初心，为学生的成长和发展提供持续支持。

让芭蕉更贴合华迈特色的，是张载一诗将芭蕉与"心"和"新"紧密相连："芭蕉心尽展新枝，新卷新心暗已随。愿学新心养新德，旋随新叶起新知。"

这首诗是说，芭蕉的内心完全展开后生出了新枝，新的卷叶和新的心意也随之暗暗而生。我愿意学习芭蕉这种不断生长新心的精神来培养新的品德，随着新叶的展开，我也能获得新的知识和智慧。

在芭蕉的生长历程中，我们看到了一个充满生命力的自然现象，那就是它不断生长出新的枝叶，每一片新叶都象征着新的生命力和新的希望。而在人的成长过程中，我们同样可以感受到这种"新"的力量，它与我们的"心"息息相关。

芭蕉不断生长、展露新枝，象征着学生们在华迈中学的学习过程中，不断汲取新知识，展现新才能，实现自我超越；"新卷新心"可以理解为学生们在学习过程中的每一次进步和成长，都伴随着内心的变化和升华，这与华迈中学注重学生全面发展、培养良好品德的教育理念相呼应；张载希望通过学习新知识来培养新的品德，在我们华迈，这一理念被转化为具体的教育实践，鼓励学生们在追求知识的同时，注重道德修养和人格塑造；随着新叶的生长，新的知识也在不断涌现，这一理念激励着学生们不断探索未知领域，勇于创新和实践。

那么，"心"与"新"之间到底有着怎样的关系呢？在我看来，它们之间是一种相互促进、共同发展的关系。一方面，我们的心灵需要不断地接受新的刺激和挑战，才能保持其活力和创造力。只有当我们勇于尝试新事物、接受新观念，我们的心灵才能得到真正的滋养和成长。另一方面，新的知识和智慧又能够反过来增强我们的心灵力量，让我们更加自信地面对生活中的各种挑战。

在芭蕉的生长过程中，我们看到了"心"与"新"之间的这种互动关系。芭蕉通过不断地生长新枝来展现其生命力，而新的枝叶又不断地为芭蕉提供养分和能量。同样地，在同学们的成长过程中，他们的心灵也需要不断接受新知识，用智慧来滋养自己，而新知识和智慧又能让他们更加坚定地追求梦想和目标。

因此，我们可以说，从芭蕉悟出的心新哲学，助推我们华迈的生态场域完善，也鼓舞着华迈的每一个人思考"心"与"新"的辩证关系。在华迈的成长过程中，我们都像芭蕉一样，勇敢地面对生活中的挑战，通过不断生长新的枝叶来展现自己的生命力。

四时八节，华迈校园花事不断，四季常青。最先开放的是黄花风铃木和槟榔花，接下来是春末开花的紫荆花，五、六月是凤凰花开的时节，过了金风送爽丹桂飘香的季节，木棉花就将在十一月开放……

在华迈，每个季节都有花开，每个生命都能绽放。这就是心新教育理念培育下，生态场域带给学生们的"绽放的信仰"。

02 劳以塑心

"人无常心，习以成性。"乐天先生指出人的心性并非固定不变，而是通过后天的实践逐渐塑造而成的，它强调了环境与习惯在个人心性形成中的关键作用。将这一理念延伸至现代教育环境，特别是校园场域中，我们华迈通过塑造校园的物质环境，在无形中影响学生。

但纯粹的生态环境塑造无法完全发挥出场域对学生的人格塑造作用。为了更好地实现劳动教育和生物学科的融合课程体系建设，让学生亲近自然、科普自然、热爱自然；培养学生学会发现，学会探究、勇于创新的精神，提高学生综合运用各种知识、技能解决问题的能力，促进学生心灵的全面发展；华迈中学生物组及各学部开展了以"田园华迈"为主题的劳动育人课程，创建了华迈生态园。通过户外教学基地与实验教学相结合，我们实现了学校课程、校本课程、实验课程和实践教育课程的深度融合与整体构建。

相较于国家课程对学力的培养，华迈的实践课程更加关注实践育人和心灵培养。通过对生态场域的充分利用，我们将场域环境与实践活动紧密联合，在提升学生动手能力的同时，通过活动达到"育心润心"的目的，真正实现场域效益最大化。例如，我们搭建出华迈空中农场，它是我们利用闲置的屋顶天台打造的集植物科普与劳动实践于一体的户外教学基地，关于劳育的很多活动都会在此开展。

华迈空中农场包含百花园、百果园、百树园和百药园，种着成百上千种植物。下午第八节课，高一生物老师们带领各班学生来到鼎新楼的空中菜园体验采摘和种植活动。各班同学在认识作物过程中，摘取了芥菜、地瓜、白菜和韭菜等植物，交由负责烹饪的同学到食堂后厨进行洗菜、备菜、炒菜和打菜作业。

负责植物栽种的同学则在微型试验田体验了包括松土、挖坑、播种和浸润土壤的种植全过程。菜心、空心菜和黄瓜种子依序种下，在同学们的期望中，它们顺利萌芽，最终成为为华迈校园贡献一抹绿意的实践成果。

而在经历了择菜、洗菜、备菜、烹饪全过程后，同学们深有感触："从种下种子到收获，竟然要花费这么多心力。""我们以后不会浪费一点粮食。农民伯伯们为我们种菜，大地母亲给予蔬菜营养，食堂厨师们为我们烹饪，我们哪有理由去浪费他们的心血？"

在绿意盎然的百树园里，同学们亲密接触各种植物。将课堂转移到田园中，同学们积极探索八年级生物课本中"植物的生殖"一节所提及的无性生殖方式——扦插。大家选择太阳花作为实践材料，以小组为单位分工合作，亲自参与生命的繁衍。在和暖的日光下，同学们有序地忙碌：和土、剪枝、去叶、处理茎枝、扦插、浇水……齐心协力完成了太阳花的扦插。

而在空中连廊，同学们兴致勃勃地移种着满天星。大家认真地挖坑，轻轻地取苗，小心翼翼地栽种，再盖上一层薄薄的土壤，有板有眼地种下了"劳动的希望"。

作为自然生物圈的构成要素，昆虫也是华迈生态探索活动中不可或缺的一环。大家复习着生物课上学习的节肢动物理论知识，蹲在校园各个角落，观察虫子的形态特征和行为方式。这样的经历增强了同学们对自然世界的好奇心和求知欲，认识到生命结构的精巧，自然世界的奇妙，逐步建立起科学的生命观和自然观。

"纸上得来终觉浅，绝知此事要躬行。"树蔬为教材，田园为教室，劳动中育人，实践中成长。这些成效正是心新教育希望达到的"润心"成果。华迈学子用辛勤的双手创造绿色家园，为生态海南做出自己的贡献。

通过华迈精心设计的心新场域塑造，我们不难看出环境对华迈学生的巨大影响。从校园布局的精妙构思到场域氛围的细心营造，每一处细节都蕴含着教育的深意与期待。在我初到海南之时，印象中的海南孩子，如同未经雕琢的璞玉，腼腆、内敛、木讷，甚至在面对陌生人时会流露出胆怯。然而，在华迈这片充满活力与智慧的沃土上，经过岁月的洗礼和知识的滋养，这些孩子们破茧蝶蜕，变得开朗、大方、自信，绽放出耀眼的青春光彩。

第七章　校园领域：对话超级能量场

第四节
情景互动：对话学习场与生命场

心新场域作为心新教育的特色表达，在学校环境文化建设上注重体现心新教育思想，以提炼、聚焦、呈现、认同、完善心新文化为主要内容，匠造心新文化的"系统化、可视化、情境化"特色。

我们华迈正在着力建设的心新场域，是物理空间、心理空间、关系空间三者的合集。通过不断创设人文、智慧、生态的学校环境，我们开发学校创造性场域，让教师、学生在思维场、信息场、智慧场、文化场、能量场中迸发出创造灵感，在师生与环境对话中，在师生、生生相互对话中，构建起和谐的校园关系，形成华迈特有的学校文化，特有的创造性场域。

"学校"的根本，是为学生创造"学习场"与"生命场"的专门场地。

什么是学习场？作为教育环境的核心组成部分，学习场是一个多维度、多层次的概念。它不仅仅局限于传统的教室或图书馆等物理空间，而且涵盖了所有能够促进学生学习、思考、探索和交流的场所与情境。在这个场域中，物理环境的设计，如布局合理的教室和先进的教学设备，都是促进有效学习的动力。

更重要的是，学习场鼓励一种积极、主动的学习氛围，通过小组合作、项目式学习、探究式学习等教学模式，华迈着意激发学生的内在学习动力。总之，华迈学习场是一个旨在促进学生知识获取、技能提升和思维发展的综合性教育环境。

生命场，相较于学习场，是一个更为宽泛且深刻的概念。它关注的是学生的"全人发展"，即身心健康、情感成长、社会适应能力和价值观的形成。生命场不仅仅局限于校园内部，还延伸到家庭、社区乃至整个社会，构成了一个复杂而多维的成长生态系统。在这个场域中，学生的情感体验、人际交往、道德观念、文化认同和社会责任感等得到全面的关注。

同时，生命场还强调文化的熏陶和价值观的引领，通过校园文化活动、传统节日庆祝活动、主题班会等形式，传递正能量，帮学生塑造正确的世界观、人生观和价值观。可以说，生命场这个实现生命价值最大化的教育环境，与学习场相辅相成，共同构成了学生成长的坚实基础。

01 心新特色的学习场

细论华迈学习场构建之基，还是离不开心新教育理念的引导。为了让同学们在学习场内有更沉浸式的融入感，我们从建校之初就通过开展"我为学校发展献计策"活动，引导师生广泛参与到华迈学习场的建设中来。

全校师生集思广益，共同完成了学校13栋单体建筑和风雨操场的命名工作，正心楼、澄新楼、日新楼、鼎新楼、逸华楼、迈华斋、澄雅轩……这些蕴含学校办学背景和心新教育理念的名字，与学校精神文化紧密相连，并配以朱红色亚克力材质亮光字体，白天醒目夜晚耀眼，更加彰显着华迈的文化底蕴和教育追求。

在此基础上，我们着重于心新文化的培育，致力于打造一个强有力的学习场域核心。为了让学校文化更加聚焦并有效辐射至全校各个角落，我们精心规划，在校园的核心横纵轴线上构建了全方位、多角度、立体化的文化展示区域。尤为重要的是，我们在办公楼一楼成功打造了占地1500平方米的心新书院，这一空间成为师生学习、思想交流、休闲放松及共同成长的温馨乐园,其"心园"与"新园"两大板块深刻体现了学校对传承与发展、心灵培育与创新思维的重视。老师和学生们都对这里喜爱有加,在这里不断加深了对学校文化的理解与认同。

为了推动数字化教育高质量发展,我们建设了华迈"智慧校园新生态中心",这里不仅展示了华迈智慧校园建设的成果,同时也是学生日常科创活动的重要创新场域。

人机脑控、虚拟飞行、智能分拣、虚拟数字人……这里展出的最新科技产品,让学生们了解了最前沿的科技知识,更为学生们提供科学创造的思想灵感。同时,"智慧校园新生态中心"的多个交互终端,也是全校师生和社会了解智慧校园建设最新成果的重要窗口,在这里,我们展示了基于大数据中台的 AI 安防平台的学生安全画像、以大数据为驱动、聚焦学生课堂的师生课程画像,以及以数字化德育管理为接口、通过人工智能技术为学生建立的学校数字化画像。

在飞天秀广场等开放式场域,我们举办了一系列形式多样的主题活动,提高德育工作的实效性:为培养学生的爱国主义情怀,我们组织开展"庆祝建国70周年"系列活动;为教育学生珍爱生命远离毒品,我们开展传承红色经典远离毒品教育研学活动;为培养学生环保意识和坚韧意志,我们开展环海环保宣传徒步行活动……

同时,为了培养深度自主的学养,我们充分利用校园建筑优势,在合适的区域开展自主学习活动,例如课前演讲、名著读书交流、"走进经典"阅读分享会、课本剧表演、"书写经典、传承文明"练字比赛、用音乐问早安,让美听得见。通过实施学生学科小组合作自主展示演板、实物场景教学和思维导图学习法推广,不断培养学生深度自主的学习能力,并塑造了注重实效的心新学习文化。

在学习场,我们致力于营造艺术氛围。华迈全面开设音乐、美术、书法等课程,并在确保充足课时的同时,充分发挥功能教室的利用效率。

我们通过开设簸箕画、盘子画、手工黏土、剪纸艺术、书法绘画欣赏等艺术特色的课程，我们为学生创设欣赏美、感受美、创造美的艺术氛围，培育学生美育怡情、晓文知趣的艺术素养。

华迈艺术节开幕式"拥抱美好生生秀"活动

在心新教育理念的引领下，通过全校师生的共同努力，华迈逐步形成了具有鲜明学校特色的学习场。从建筑命名到文化展示，从心新书院的温馨乐园到智慧校园的创新实践，从形式多样的德育活动到深度自主的学习模式，每一步都凝聚着华迈人对心新教育的深入理解和实践。

02 "千寻自己"的生命场

"学而必习，习又必行。"新时代的华迈学子，在学习知识后的反复练习，都是为了应用到生活中去，直至达成他们最终的使命——成为中华民族伟大复兴的生力军、海南自贸港建设的领军人。

荀子《劝学》有言："蓬生麻中，不扶而直；白沙在涅，与之俱黑。"环境能塑造人，场域的力量不容忽视。如同种子是否发芽生长，并不完全取决于种子本身，而是在很大程度上受土壤、温度、水分的影响。而要形成适宜学生茁壮成长的"生命场"，就要将"对话"的作用

第七章　校园领域：对话超级能量场

219

发挥到极致。

单从字面意义来理解,"对话"指人与人之间的交谈或交流,在华迈,"对话"具有更广泛而深刻的内涵。它不仅仅局限于口头交流,更包含了思想的碰撞、观念的交流以及情感的传递。在这种"对话"中,大家分享彼此的观点、经验和情感,从而实现真正地相互理解和共鸣。

通过"对话",华迈师生们的思想、情感、价值观等相互交融,共同塑造了专属于华迈的空间,这种独特的氛围场域就是华迈的生命场。

为了让孩子们在生命场中探索真正的自我、创造生命的新可能,我曾提出过"千寻自己"的概念。"千寻"是日本动画大师宫崎骏的作品《千与千寻》中主人公的名字,她和父母一起闯进神明之地,一同迷失了自己,为了拯救双亲,千寻在神灵世界中经历了充满友爱、成长、修行的冒险历程,最终找到来处,回归人类世界。

"千寻自己",可以理解为一千次,甚至无数次地寻找自己,也可以理解为"千寻"就是自己,要做个"千寻"那样的孩子,也许会迷失,但历经苦难和孤独后终能找到自我。

千寻自己,我们华迈人开启了寻找自我的旅程。"我是谁?""我从哪里来?""我要去向何方?",这是每个华迈人都要回答的哲学叩问。我们把风雨操场命名为千寻馆,在日新楼一楼装饰设置了千寻悦读屋,就是为了让同学们时刻记住《千与千寻》的故事,能够在华迈的生命场中深入地了解自己的内心世界,明确自己的目标和方向,从而更加坚定地追寻自我。

华迈的每一位"千寻",都踏着心新教育"从心启程,全新绽放""发现自我,赢得未来"的脚步,在校园中充分"对话"着。师生"对话",架起尊师重道、亦师亦友的桥梁;生生"对话",将友爱尊重深深刻在同学们心间;与"阳明""东坡"的对话,将"心"

与"新"的思考深深渗透进他们的思想中,让他们在历史的智慧与文化的滋养中,不断追寻真我,勇敢开创未来。

高三学子的成人礼暨毕业典礼上,毕业生们从"妙笔生花"雕塑启航,到秀字广场绽放,身着礼服逐一与师长拍手庆贺,再以一曲交谊舞开启成年生活。在翩翩舞步中,他们从青涩的少年成长为有责任感、有担当的成年人。感受着同窗间的情谊,体会着宣读宪法的庄重,他们从华迈这个生命场出发,手握毕业证书告别母校,踏上新的人生征程。

而在这几年难忘的中学生涯中,无论是聆听苏学研究专家李公羽讲述苏东坡的故事,还是参与苏东坡诗词歌赋集体诵读活动,抑或是在中、高考前,来到大榕树下挂上祈愿的木板,系上写着心愿的布条,抚过阳明澄雕塑的生花妙笔,都是他们与校园场域珍贵的"对话"。

心新教育重视主体的内在动力,使学生愿意进行创造并塑造创造性的性格,所以华迈不断创新"五育融合"活动,强调场域对话的重要性,帮助每个生命精彩绽放。通过"对话",学生们的主体地位得到充分地尊重;每个个体的发展需求都被关注、被支持;每一个孩子都对自己有着辩证的认识和欣然的接纳。在华迈营造的生命场中,处处有创造,人人得成长。

03

第三篇

未来省思：
向心向新，创生未来

诗教育

第八章

心新生花，风华正茂

心新教育：教泽常新

过去未来，皆赖乎今。心新教育是经验的积累，是智慧的体现，经得起实践的检验，并在实践中日臻完善，以期更好地应对明天。

身逢百年未有之大变局，全球政治、经济、文化等领域正经历着前所未有的深刻变革。面对未知与挑战，心新教育坚持以"人文主义"为基础，紧紧围绕"提升教育品质"战略主题，重视"教育现代化"作用，加大"整合社会资源"的力度。我坚信，心之所向，步履不止，终将抵达。

心新教育，正以开放包容的姿态，迎接每一个挑战，开创更加辉煌的未来。

第一节
为了正在发生的未来

教育既要关注当下，更要关注未来。未来教育，是对未来社会的展望，是对人类未来发展的一种希冀。

然则，未来从何处开始？未来又通往哪里？很多科幻作品都曾描绘出一个个充满想象的全新世界，但真正能决定未来走向的，始终是我们人类自己。如美国课程学家小威廉姆·E·多尔所言："未来不是我们要去的地方，而是我们要创造的地方。通向它的道路不是人找到的，而是人走出来的。"未来其实就蕴含在我们今天的教育内容与方式之中，它是对当前教育理念的延伸与超越，是对学生潜能的深度挖掘与培养。未来不仅是一个时间概念，更是一个充满无限可能与挑战的空间。

时至今日，教育改革已不再是某个国家或地区的孤立行动，而是全球共同的责任和使命。也正因如此，近年来各个国际组织对于未来教育越发关注。

联合国教科文组织于2021年发布《一起重新构想我们的未来：为教育打造新的社会契约》，从公平、正义和可持续等方面对未来教育展开探讨。报告坚定承诺"视教育为一项公共事业，强调在未来发展中，教育应保障个体的终身受教育权，并涵盖信息权、文化权、科学权和联通权，以此支持个人的全面发展与社会的集体繁荣"。同时明确指出个体的全面发展在塑造未来社会过程中的重要价值，以及学校设计在未来教育改革中扮演的重要角色。

无独有偶，经济合作与发展组织在探讨"教育如何为未来做好准备"时，重点强调要关注未来学生能力与学校形态，指出在未来，知识不再是评价学生的唯一标准，学生能力应该要从知识、技能、价值观三大维度去共同考量。关于学校，经济合作与发展组织也给出了未来学校蓝图，学校作为学习中心将继续存在，但多样化和实验化的教学模式将成为常态。

通过对两大国际组织的细致分析，不难发现，随着科技的飞速发展、全球化的日益加深以及社会对创新型人才需求的不断增长，个体的重要地位愈发凸显。教育不再仅仅进行知识的传授，而是更加注重个体能力的培养，包括知识、技能、价值观等多个方面。这种全面的教育模式旨在帮助个体在未来的社会中更好地适应和成长，实现个人价值的同时，也为社会的繁荣做出贡献。

将视野拉回国内，在追求中华民族伟大复兴的征程中，道路选择至关重要。党的二十大报告中明确提出："从现在起，中国共产党的中心任务就是团结带领全国各族人民全面建成社会主义现代化强国、实现第二个百年奋斗目标，以中国式现代化全面推进中华民族伟大复兴。"教育作为中国式现代化的重要支撑，必须充分展现其基础性、先导性和全局性的关键作用。教育工作者应当以更加前瞻性的视角审视教育，跳出教育的局限看教育，从全局的视野把握教育，用长远的目光规划教育。坚持以人民为中心的教育理念，将促进人的全面发展与服务经济社会发展紧密结合，切实履行立德树人的根本使命。

谈教育应该怎么样，其实是在谈人应该怎么样。教育现代化的核心是人的现代化，即教育主体现代化，包括管理主体、教师主体和学生主体的现代化。从人的全面发展角度出发，我国亟须构建一个全面、均衡、多元且富有创新性的教育体系。

重塑教育目标设定。不再局限于知识的灌输，而是立足于促进受教育者在德、智、体、美、劳多维度全面发展，聚焦于培养具有全球视野、批判性思维、创新能力、高度社会责任感和自主学习能力的综合性人才。教育目标将如同灯塔，指引着整个教育航程的方向，确保每一位学生都能在未来复杂多变的世界中找到自己的定位，成为积极的参与者和建设者。

优化教育内容。应着重强化价值观、道德观念和社会情感的教育，同时增强对学生高阶思维、综合决策及复杂问题处理能力的锻炼。知识不再是孤立的学科碎片，而是相互关联、融合的有机整体。学习将跨越学科界限，将科学、人文、艺术、技术等领域交织在一起。这种综合性的教育内容能让学生在解决实际问题中掌握知识，培养跨学科思维和实践能力。

教学方法革新。积极顺应时代潮流，加速教育的数字化转型，充分利用人工智能和大数据技术，推动传统教育向智慧教育转变。这一转变旨在将"有教无类、因材施教、个性化学习"的教育理念，以及"人人皆学、处处能学、时时可学"的学习型社会愿景，逐步变为触手可及的现实。

改革教育评价体系。必须摒弃"五唯"的僵化观念，构建一个以创新能力、实践能力和社会贡献为基准的现代评价体系。这样的体系将全面、精准地反映学生的综合素养和教育的质量，推动教育向着更为健康、全面的方向发展。

青年强，则国家强。当代中国青年正值盛世，在这个关键的历史节点上，用心新教育思想引领差异化办学，培养具有创造性思维、创造性人格的创造性人才，是华迈不变的追求。

01 心新教育释放文化张力

当前教育领域面临着"千校一面"的挑战，即众多学校在教育理念、内容及方式上高度同质化，限制学生个性发展，抑制教育创新。此现象源于传统教育观念的深植与应试教育的主导，导致学校追随统一考试准则，缺乏个性化探索。同时学校过度聚焦办学层次与质量竞争，忽视教育目标多元化，加剧了教育资源不均衡的问题，这一点在乡镇中学中尤为明显，在生源流失与教育改革"向城化"中逐渐失语，多数学校开始简单复制明星学校，失去个性与特色，陷入困境。

英语智慧教室里的外教课堂

华迈中学自建校伊始，就积极探索内地优质教育资源与海南教育实际的结合路径，学校集智凝练，传承华师文化，吸收上海精神，融合澄迈历史，凸显海南底色，提炼华迈特质。创生心新教育思想，强调"心"与"新"，要"求诸本心，见诸创新"，"不忘初心，与时俱新"，培养真兴趣，真信念，增强自我管理与自我规划的能力，旨在"建设心灵品质，培育创新人才"。学校秉持"学以澄心，教泽常新。发现自我，赢得未来"的办学理念，注重教育内涵，围绕办学宗旨，实现五育完美融合。

华迈中学坚定社会主义办学方向，坚持立德树人根本任务。落实党组织领导的校长负责制，加强党对学校工作的全面领导。让心新教育释放红色文化张力，完善党组织设置，强化师生理想信念教育，加强制度建设，严肃党内生活，发挥党员先锋模范作用。2022年、2023年、2024年学校党支部被评为澄迈县教育系统先进基层党组织，2023年澄迈县"立足岗位，解放思想，担当作为，开拓创新"先进集体，2024

年澄迈县直机关十佳特色支部，2022—2024年度海南省先进基层党组织。我本人也在2022年获得海南省优秀共产党员称号。海南省委组织部领导到华迈专题调研，给予华迈党支部工作高度评价。五年来，共有67名党员教师获得省市县各级奖励，党支部的战斗堡垒作用和党员的先锋模范作用得到切实发挥。

任何学校在办学过程中都必须要思考"办什么样的学校""培养什么样的人""为谁培养人"的目标使命问题，也必须要回答"怎样才能办好学校""怎样培养人"的路径方法问题。因此华迈中学设定清晰的育人目标，培养具有自我觉知、自主发展、高尚情操、扎实学养、身心健美、个人责任、家国情怀、国际视野和追求卓越的未来建设者。结合海南学子特色，学校提出"深度自主、孝诚勇毅、包容担当、合作创新"的华迈特色印记，以培养独特的核心素养。为海南自贸港建设培育本土优秀人才，为中华民族伟大复兴培育社会主义共产主义接班人，为世界培养具有国际视野、人类命运共同体情怀的世界公民。

秉持科学教育质量观与正确办学理念，让教育不再局限于分数，而是培养全面之才。大力发展素质教育，为学生搭建多元发展平台，挖掘潜能。落实德智体美劳全面培养要求，心新文化贯穿其中。德育为魂，塑造高尚灵魂；智育启慧，点亮知识之光；体育强魄，赋予健康活力；美育润心，涵养高雅品位；劳育践行，培育勤劳品质。以德润心，以智强心，以美润心，以体健心，以劳创新，心新文化在这全面发展的教育实践中彰显蓬勃力量，绽放独特魅力，推动教育迈向新高度。

华迈中学严格落实国家课程方案，健全教学管理规程，深入推进育人方式改革。开展三线合一学习任务单课堂教学改革，完善了"三化四要五步"课堂教学模式，形成了"管理三环、教师三案、学生三本"的国家课程优质化实施策略，通过实施"三转三清、三环三案、三备三度、三本双定"等精细化管理，提高教学质量，铸就教学品质。校本课程的开发与实施形成了"心领航、新科创"的特色化构建。完善选课走班教学组织管理，健全学生发展指导机制，规范综合素质评价实施。

心新教育在华迈中学的成功落地，不仅为乡镇中学的发展提供了有益的借鉴，也为全国教育创新注入了新的活力。

02 创造性学校引领创造性学习

学习型组织（Learning Organization）是美国麻省理工斯隆管理学院资深教授彼得·圣吉在其著作《第五项修炼》中提出的管理观念。从名词的直观理解出发，学习型组织是一个始终保持学习状态、不断适应环境变革并持续发展的组织形态。它的核心目标在于推动组织内每一位成员的知识和能力的持续提升，从而实现整个组织绩效能力的飞跃。

然而，在我看来仅仅停留在学习层面是远远不够的。在学习型组织的基础上打造创造性组织。创造性组织不仅追求知识的积累，更注重思维的碰撞和创新的激发，这样的组织形态，能够更好地适应快速变化的环境，推动组织的持续发展和进步。

学校作为教育的摇篮，更应该走在前列。将学校打造为学习型组织，进而迈向创造性组织，不仅是教育改革的必然趋势，也是培养未来创新人才的重要途径。法国思想家和教育家卢梭指出，形成一种独立的学习方法，要比获得知识更为重要。这正是创造性学习的核心所在，它鼓励学生自主思考、自主探索，形成自己的学习方式，从而培养创新思维和解决问题的能力。

心新教育使学生在心灵启迪中发现自我，在持恒创新中赢得未来，这本身就是"创造教育"。北京师范大学教授顾明远说："没有爱就没有教育，没有兴趣就没有学习；教书育人在细微处，学生成长在活动中。"心新教育重视人的个性，尊重学生的心灵自由和心灵世界的独特性。心新教育强调重视主体的内生动力，使学生愿意进行创造并形成创造性的人格。华迈不断创新"五育融合"活动，倡导"让每个生命精彩绽放"，旨在完善学生创造性人格。孩子们的主体地位得到充分的尊重，每一个孩子的发展需求都被关注、被支持；每一个孩子都对自己有着辩证地认识和欣然的接纳。

创造性人格体现在健康的情感、坚强的意志、合理的个性倾向性、顽强的性格、良好的习惯等。完善学生的创造人格，发展创造性个性品质，开拓创新精神，激发创造兴趣，锻炼意志和毅力，树立创造志向，这是华迈的活动追求。要创造，必须营造创造的文化氛围，人人想创造，时时想创造，处处有创造，创造的氛围在华迈无处不在。

国旗班交接仪式，丰富多彩的校本操，塑形铸魂华迈印记，突出可视化；从国学教室、书法教室到英语空间、地理空间，从木工坊到创客中心，匠造心新文化场域，突出情境化；速度与激情的体育节、畅享随时发生的读书节、品质与奇迹的艺术节，构建五育课程体系，突出系统化；毕业典礼、成人礼、成长礼、洗龙水，丰富五育活动载体，突出主题化；综合实践、研学旅行、家校共育，拓展五育实践途径，突出生活化；十佳、百优、星级宿舍，完善五育评价体系，突出多元化。

十八岁成人礼

华迈中学通过活动，让学生从传统的课堂中走出来，创造性开展学习。创造性学习不拘泥、不守旧，创造性学习勇于探索、除旧布新，强调学习者的主动性，创造性学习更是能够引起变化、更新、改组和形成一系列问题的学习。心新教育是心灵唤醒心灵的教育，是卓越引领卓越的教育，心新教育是从"心灵认知"到"创新发展"的跨越，心新教育是从个体内心深处追逐生命的本真，到在万千世界之中追求人生的高度。

心新教育倡导校长引领团队创造性学习，创造性学习体现在培养人、塑造心灵、变革精神世界。由创造型校长创造出创造型管理；由创造型管理创造出学校创造型环境，形成创造型场域；在校长的带动下，建设一支创造型的教师队伍；由创造型的教师进行创造型的教育教学；由这种教育教学工作培养出创造型的学生。校长努力用创造力激活师生的学习力、思考力、创造力，将学校从一个封闭的校园变成一个开放的学习中心。

如果今天的老师和教育不生活在未来，未来的学生就会生活在过去。值得庆幸的是，华迈始终作为时代的先锋，未来始终在华迈的日常中发生。

第二节
中国式现代化的华迈担当

自 2019 年心新教育花开澄迈，华迈建校五年意气风发，硕果累累，每一步都稳健有力，所取得的成就不仅肯定了心新教育的价值，也惠及了澄迈县、海南省乃至全国。

01 躬行华迈

在心新教育的引领下，华迈不断优化管理体制和育人方式，努力改善办学条件，着力加强队伍建设，大力推进课堂改革，办学成效不断凸显，逐渐成为地区百姓满意的品质学校、莘莘学子心目中的理想学校。

五年来，华迈坚定办学方向，充分释放心新教育文化张力。政府保障有力，学校建设体现新标准，打造了"有文化温蕴、有教育温度、有家园温馨、有情感温暖"的海南特色基础教育学校空间；教育思想端正，办学治校体现新理念，以创新的精神踔厉奋发、锐意进取，以务实的精神埋头苦干、步步为营，打造了优质教育新高地。

办学以来，学校备受海南省委省政府、海南省教育厅、上海市教委、华东师范大学、澄迈县委县政府的关心与支持，迄今共接待各级领导到访130余次。海南省委书记冯飞（时任省长）、湖南省委书记沈晓明（时任海南省委书记）、海南省省长刘小明、海南省省委常委统战部部长尹丽波（时任海南省副省长）、海南省人大常委会副主任关进平、海南省副省长谢京、副省长顾刚、副省长王路、海南省教育厅厅长李湖、海南省人大常委会秘书长曹献坤（时任海南省教育厅厅长）、上海市教委主任王平、华东师范大学党委书记梅兵、海南省交通厅厅长司迺超（时任澄迈县委书记）等领导先后前来调研指导；华东师范大学副校长戴立益、澄迈县委书记盛勇军、澄迈县县长冀铁军等主要领导多次深入学校指导工作、帮助解决实际问题。

至今，学校共获得70余项荣誉，其中包括国家级荣誉5次，如团中央"小平科技创新实验室"建设学校、全国"双减"背景下的作业设计与管理示范学校、教育部基地重大课题《大中小思政课一体化建设与新时代德育研究》实验校、全国中小学科学教育实验校、全国青少年校园足球特色学校；省级荣誉8次，如海南省中小学德育工作先进集体、海南省中小学教育信息化应用示范校、海南省五一劳动奖状等；县级荣誉9次，如十佳学校、先进基层党组织等。学校广受社会各界关注。至今，共受到中央广播总台国际在线、中国网、新浪新闻、中国教育报、海南电视台、海南日报等媒体报道62次。尤其是2023年，学校建校四年，就以高分提前通过省一级甲等学校评估，设置了全省唯一一个在非政府所在地的高考考点，并且华迈作为两家学校之一在海南省基础教育高质量发展专项工作会议上做经验分享。

这五年，华迈落实课程教学，学业质量日新月异。华迈学子中高考成绩在澄迈县内遥遥领先，在海南省内异军突起。2022年首届中考，华迈学生总分均分位列全省第一，多项数据在全省名列前茅。首届高考更是实现了本科录取率100%的佳绩，向澄迈百姓递交了一份满意的答卷。这一开门红，迅速吸引了澄迈县生源的回流。

到2023年，中考的各项数据再创历史新高，总平均分全省第一，综合评价全省第一。高考更是创造了澄迈县历史之最，一本上线率95.32%，本科上线率100%，平均分也位列全省第4名。

2024年捷报再传。中考的各项数据再创历史新高，总平均分821.65分全省第一；800分以上高分率81.56%，全省第一；优秀率90.58%，及格率100%，低分率0，综合评价全省第一。此2024届高考一本上线率达到了90%，本科上线率接近100%。其中，700分以上的学生人数较上年翻倍达33人，更是打破了澄迈县连续10年高考无清北的历史。

这五年，华迈教师主动发展，育人能力日新精进。学校通过顶层设计学校教师发展素养指标体系，为教师专业化成长指明了方向，同时起到了凝心聚力的作用；通过全方位构建校本研训专家团队，为教师专业化成长提供了无死角的支持，为教师的专业化成长保驾护航，增强了教师的归属感；通过基于同一主题的研训教一体化的深度培训，使得教师专业化成长落地生根生长，增加了教师校本研训的获得感和参与热情；通过多维构建共情共生的学习共同体，激活了教师专业化成长的内驱力，既让大家融合共进，又让每位教师得到了个性化的专业成长。五年来，老师们在教育教学方面获得的表彰或奖励为1233项，其中国家级105项，省级487项、县级620项。

这五年，学生健康成长，五育并举全面落地。注重加强德育、体育、美育和劳动教育，引导学生注重提高自身综合素质，扭转重知识、轻素质的倾向，培养学生适应终身发展和社会发展需要的正确价值观、必备品格和关键能力。华迈确立了"德育立心铸魂、智育研学寻真、体育强身健毅、美育怡情知趣、劳育实践躬行"的五育并举育人模式，构建了国家课程校本化实施的五育融合课程体系。通过每日行为规范养成、每周操行量化评比、每月德育主题教育、每年"五节"融五育活动展示等育人路径，开展三色六进综合实践活动，全面落实立德树人，促进学生健康成长全面发展。

华迈学生获得国家级奖项45项，省级奖项287项，县级获奖325项，世界机器人大赛中国赛区总决赛全国一等奖（评分全国第一并获得专利）；上海举办的第五届全国无人机大赛无人机团体飞行项目全国一等奖；全国书法大赛特等奖、一等奖；初、高中合唱团双双获得海南省艺术展演一等奖；校本操大赛获得海南省第四名；学生华服社团应邀参加国家级展演；澄迈县中学生运动会打破六项大会记录，获得团体总分第一名等等；全校学生韵律操《你笑起来真好看》《追梦人》《一起向未来》等展示备受网友盛赞，单个视频点击转载近百万。

这五年，学业成绩年年攀高，充分肯定了华迈的教学品质和学生的学习成果。但作为一名教育工作者，更令我高兴的是看到孩子们身上的变化。海南因为地理环境因素与社会文化因素，或多或少都存在着一些地域风俗习惯，而心新教育确立"五育融合"的育人模式引导学生注重提高自身综合素质，扭转重知识、轻素质的倾向，培养学生适应终身发展和社会发展需要的正确价值观、必备品格和关键能力。德育活动让孩子们学会了尊重他人、感恩社会，增强了他们的责任感培养了他们的担当精神。体育活动的丰富多样，不仅锻炼了他们的体魄，更磨炼了他们的意志和毅力。美育和劳动教育的融入，则让孩子们的审美情趣和动手能力得到了提升，他们开始懂得欣赏美、创造美，也学会了珍惜劳动成果，尊重劳动者的付出。通过举办五节活动，鼓励学生展示自己的才艺，培养他们全方位综合发展的实力。这些变化不仅在他们的眼神和气质中流露出来，更体现在学生们的日常行为中。

最开始，有些孩子目标意识不强，因此动力也不足，表现得懒散而缺乏上进心。但来到华迈之后，在心新教育理念的引领下，在学校的

学生参加中国国际华服设计大赛

教学节奏指挥下，同学们对学习的认知，以及对未来的追求，都有了翻天覆地的改变。他们有了看过世界的眼睛，有了"敢教日月换新天"的决心，有了"长风破浪会有时"的目标。这种由内而外的变化，是任何成绩都无法替代的。

作为澄迈基础教育发展十分突出的学校，华迈通过优质的教育资源，吸引更多优秀教师前来工作，更多当地家庭也会改变以往"送孩子到外市读书"的观念，选择让孩子留在澄迈接受教育。这样的人口留存和知识集聚，对于促进澄迈教育发展、带动城镇经济增长、提高地方发展活力，都会产生积极作用。

02 华耀琼州

"教育虹吸"是指优质教育资源从相对不发达地区向发达地区流动的现象。根源于经济发展不平衡、政策资源配置的偏向及个人对优质教育资源的追求。在海南，这一现象尤为显著。因海南教育相对落后，优质资源稀缺，导致资源过度集中于少数地区，教育差距进一步拉大，同时引发本地人才流失，削弱了海南的自我发展能力。长期而言，这一现象将会破坏教育公平，影响社会稳定与均衡发展，加剧了区域间经济与社会发展的不平衡。因此，扶正并逆转这一趋势，成为海南教育发展亟待解决的重要问题。

2017年，为深入教育改革，给澄迈县乃至全国人民带来"高定位、高品位、高质量、高认同"的教育服务，华迈中学于海南老城破土动工。怀着"争创省内一流、国内知名学校"的目标，自2019年办学至今，华迈以华东师范大学文化为根基，吸收上海精神，融合澄迈历史，不断汲取阳明心学和东坡精神，在教学上取得了成绩，也为海南教育变革和乡镇中学的探索贡献了一些新的思路。

我们依托华东师范大学的教育资源，秉承"发现自我，赢得未来"的理念，打造心新教育特色文化，不仅提升了自身的教学质量，还为

澄迈县人民政府与华东师范大学正式签订合作办学协议

同类学校提供了创新参考，证明乡镇中学在教育改革中其实存在着巨大的潜力。

通过组建教育集团、帮扶农村及薄弱学校，运用"五育融合"模式和社会实践活动，我们为澄迈县的学生提供优质服务，力求为这片土地的教育注入新鲜血液，以实现更为公平、均衡的教育发展格局。

探深度。华迈深耕澄迈县内，重视小学教育，从小学开始培养优秀学苗，并对基础较薄弱的中学开展一对一具体帮扶。

优秀的教育必须从娃娃抓起。为了将华迈的教育理念和办学方式有力地根植于学子的内心，学校于2022年创建了华迈实验中学附属小学（以下简称"华迈附小"），实行两校一体化管理。华迈中学定期组织师资培训与教学交流活动，深入课堂观摩华迈附小课堂教学模式。通过亲身体验和互动交流，让附属小学的教师们深入了解华迈中学的教学方法和教育理念。同时，华迈中学还向华迈附小开放教学设施和丰富的教学资料，让附小的学生们也能享受到与中学学生同等的教育资源。

在课程设置与教学创新方面，华迈中学也给予了华迈附小充分的指导和支持。通过教学沙龙等活动，鼓励华迈附小根据新时代对人才的需求，引入多元化的课程内容和教学方法。在我们的引领下，华迈附小不仅围绕"TRIPS校本课程"开设了31门澄明社团课程，还注重将课程内容与实际生活结合，通过组织各种形式的实践活动和竞赛，让孩子们在实践中学习、在学习中实践。

这五年，华迈规范管理，辐射引领备受赞誉。"一枝独秀不是春，百花齐放春满园。"为落实县委、县政府关于教育均衡优质发展的战略部署和县教育局《澄迈县结对办学试点方案》的精神，华迈中学充分发挥优质教育资源的示范、辐射、带动和影响作用，成立教育集团来帮扶澄迈县马村学校（以下简称"马村学校"）和澄迈县白莲初级中学（以下简称"白莲中学"）等农村薄弱学校。

华迈中学向马村学校开放教学设施，并派遣了多位优秀教师进行支教，同时，华迈中学还组织了多次教师培训和交流活动，帮助马村学校的教师提升专业素养和教学能力。在具体的教学模式上，华迈中学推广了分层教学等成功模式，使马村学校的教学质量得到了显著提升。

对于白莲中学，我们采取了更为个性化的帮扶措施。针对白莲中学在理科教学方面的薄弱环节，我们特别提供了实验设备和理科教师的支持，帮助白莲中学建立了完善的理科实验室，并派遣了经验丰富的理科教师进行指导。同时，华迈中学还与白莲中学共同开展了科研项目合作，鼓励学生参与科研活动，培养他们的创新思维和实践能力。

在华迈中学与马村学校、白莲中学组成教育集团后，这两所原来落后的乡村学校声誉鹊起快速发展。马村学校2023年中考平均分由2022年的第19名跃居全县公立学校第3名，小学六年级教学质量评比由2022年的第20名跃居全县第10名，师生的精神风貌得到极大改善和提高，受到上级领导和社会各界的广泛好评。2023年教师节马村学校被评为澄迈县"十佳学校"，是马村学校建校以来第一次获此殊荣。

2023年秋季开学，马村学校招生异常火爆，回流学生达30人，现在校人数创历史新高；白莲中学于同年暑期成为生源爆棚的热门学校，初一新生招生人数创历史新高。

作为澄迈教育的一分子，华迈稳步实施结对帮扶计划，推进双方教育资源共享、管理互鉴、文化融通，建设互动共赢的学校发展共同体，目前看来已初具成效。

扩广度。华迈加强整个海南地区在教育领域的交流学习。

通过积极承接区域教研活动，华迈促进省内先进教育经验的交流与融合，我们不仅主动承担起区域教育发展的责任，更成为教育资源共享与创新的桥头堡。

一方面，我们频繁举办各类区域教研活动，如澄迈县校长跟岗研修项目、澄迈县教学和德育中层干部跟岗研修项目，以及县内各学科的区域研训活动。通过教育交流，为教师们搭建起一个面对面交流的平台，在让华迈中学直接吸收来自全省各地优秀教育经验的同时，为海南充分拓宽教学资源和教育视野。

另一方面，华迈中学高度重视外部智力的引进，数次邀请省内教育界权威专家和知名教师来校指导。通过专家讲座、课堂示范、一对一辅导等多种形式，华迈中学的教师队伍得以在理论与实践的结合中快速成长。这种"引进来"的策略，为学校的教学改革注入新活力。

此外，华迈中学还积极推动校际的交流与合作，通过教师互访、教学观摩等活动，促进了不同学校之间教育资源的共享和优势互补。我们希望通过开放包容的教育态度，为海南地区的所有学生提供更多元化的学习体验。

在承接和吸收先进教育经验的同时，华迈中学更加注重教研成果的转化与应用。学校鼓励教师将学习到的先进理念和方法融入日常教学中，通过实践检验其有效性，并逐步形成具有华迈特色的教学模式和方法体系。"学以致用"的理念，确保了教育改革的落地生根，也促进了学校教学质量的持续提升。

在加入名师工作室后，华迈教师受优质资源集中化影响，教学水平大幅提升。有老师形容参与名师工作室的经历，是她专业成长与教育理念革新的"加速器"。在这个由前辈领航、优秀同仁共聚的平台上，她得以跨越自我认知的边界，深化了对教育本质及课程改革精髓的理解。名师的悉心指导促使她不断总结高效的教育模式，在提升课堂效益的同时，实现自我价值的飞跃。

也有老师坦言道："名师工作室的培训，颠覆了我对传统教师角色的认知。它让我明白，在这个信息技术日新月异的知识经济时代，'教书匠'的角色已不再符合时代的需求。教师需要的是观念的根本性转变，既要脚踏实地，紧扣教学实际，又要勇于探索，进行以解决教学难题为导向的研究，鼓励学生成为学习舞台上的主角，用信任与积极评价激发他们的无限潜能。"

五年来，学校开展各类专家讲座 49 次、接待研学 97 次（累计 15000 余人）、接待省内外团体和学校到我校交流学习 61 次。正如华迈高分通过省一级甲等学校评估时，专家评价学校：政府保障有力，学校建设体现新标准，打造了"有文化温蕴、有教育温度、有家园温馨、有情感温暖"的海南特色基础教育学校空间；教育思想端正，办学治校体现新理念，以创新的精神踔厉奋发、锐意进取，以务实的精神埋头苦干、步步为营，打造了优质教育新高地；教学管理扎实，质量强校体现新作为，教育教学质量全省名列前茅；队伍建设有效，人才发展体现新优势，造就了一支师德高尚、业务精湛、结构合理、充满活力的高素质教师队伍；办学成果共享，辐射引领体现新使命，充分展现了海南省引进优质学校的责任与担当。华迈以深度与广度并重的教育实践，华迈正为海南教育事业注入新的活力，其积极影响必将在未来海南教育的广阔天地中持续发酵，惠及更多学子，照亮海南教育的璀璨未来。

03 润泽神州

从不堪造就到方兴未艾，海南的教育事业正如同海岛上的热带植物般蓬勃生长。然而，教育不能仅仅追求某一个地区的繁荣，它是整个国家、整个民族进步的基石与希望所在，从海南这一隅放眼全国，我们看到的是连接着千万个孩子的教育画卷。

作为一所乡镇中学的校长，我怀揣着深沉的责任感与使命感，希望把心新教育理念播撒在中国广袤的大地上，让每一片土地上的孩子都被教育的光芒照亮，每一颗心灵都被心新的火种点燃。这是我对全国基础教育未来的美好愿景。

心新教育理念在澄迈成功落地的消息，乘着风飞到了北京，于是，在2024年9月8日，我前往北京参加庆祝第40个教师节暨全国教育系统先进集体和先进个人表彰活动，获得2024年"全国优秀教育工作者"称号。大会上，习近平总书记亲切地接见了所有获奖者，并热情地与大家握手。

获评全国优秀教育工作者,这是对我全身心投入教育事业、践行"四有"好老师标准、实现"立德树人"初心和持续不懈努力拼搏的最大鼓励。从习近平总书记掌间的温度,我感受到他对心新教育理念的认可，更读懂了他着力发展中国教育事业的坚定决心。这是一种责任的传递，督促我通过教育，为实现中华民族的伟大复兴贡献自己的一分力量。

在华迈办学的五年间，为了积极推进心新教育走出海南、走向全国的进程，我们积极承办华东师范大学基础教育全国校长论坛活动，向全国教育专家展示华迈"五育并举"的专项活动。2023年2月，新疆托里县考察团一行莅临华迈考察学习并缔结友好学校，"心新"教育澄风起航，辐射影响备受赞誉，辽宁、内蒙古、江苏、湖北、上海等地多所学校来华迈交流学习，心新教育的实践成果和经验为其他地区提供了有效的借鉴和示范。

华东师大教育集团"卓越学校"评估专家总结反馈时，这样评价华迈：地方政府的重视和支持坚定有力。优秀校长是办好学校的重要保证。心新教育办学思想特色鲜明独具匠心。校园文化建设精雕细琢，"心新场域文化"别具一格。学校管理规范有序，辐射引领发展。教学管理精心，办学成果引人瞩目。

教育专家傅东缨先生如此评价华迈：华迈学校是用中国气魄、中国风格、中国文化、中国速度打造起来的一所最中国学校。她高起点站位，速积而爆发，演化成一座极"富矿"学校。这里践行着活生生的前沿教育学，运营着极适用的当代管理学，探索着科学的教法论和学法论，因此，她成了迅疾崛起并攀岩般升腾的一所典范学校。

北京、上海、长春、呼和浩特……我用航线串联起心新教育迈向全国的版图。在全国中小学校长论坛、中国卓越校长高峰论坛、云南安宁论坛、重庆校长论坛、中国教育学会高质量初中教育发展研讨会、中国教育报《新型图书馆规划与建设》全国高峰论坛、光明日报教育家杂志《智能时代，学校教育的变革与创新》线上圆桌论坛、马来西亚与中国校长《评价：让教育更美好》线上教育研讨会等多个中国教育高峰论坛会议上，我分享华迈办学经验和思想，把"做有故事的教育，办有温度的学校，当有智慧的老师，育有情怀的学生"的华迈坚持和秉承"从心启程，全新绽放"的心新教育理念传播给更多教育工作者，力求激发每一位教育者的共鸣，共同构建一个充满爱、智慧与创新的中国未来教育新生态。

心新教育：教泽常新

在华迈中学这片沃土上，心新教育如同春风化雨，滋润着每一颗渴望成长的种子。建校五年来，我们见证了华迈中学以非凡成就，铸就了独特的华迈品质，创造了令人瞩目的华迈奇迹。这一切，都离不开心新教育理念的指引和实践。展望未来，心新教育的道路任重而道远，但我坚信，只要我们坚守初心，勇往直前，必将在教育的海洋中乘风破浪，达到更加辉煌的彼岸。

未来的心新教育，将更加注重培养学生的创新精神和实践能力。我们将继续探索多元化的教育方法和教学模式，激发学生的潜能和创造力，浸润凝聚力，熏陶责任感、使命感，生长归属感、幸福感。让他们在未来的竞争中脱颖而出。

未来的心新教育，将更加注重学生的全面发展。除了学业成绩的提升，我们还将一如既往关注学生的身心健康、情感态度和社会技能的培养和解决生活中实际问题的能力。我们将努力营造一个充满爱与关怀的教育环境，让学生在快乐中成长，在成长中收获自信和力量。

未来的心新教育，还将积极拥抱科技和创新的力量。我们将利用先进的科技手段，改进教学方式，提升教学质量，让学生在信息化的时代背景下，更好地适应和引领未来的发展。

每一个华迈人都坚信，在我们的共同努力下，心新教育必将在教育的舞台上照亮每个学子的心灵，让每个生命精彩绽放。

第八章 心新生花，风华正茂

教师风采

薪火未来

后记

心赴山海，新赋华章

时至今日，华迈中学办学已逾五年，心新教育扎根海南也度过了五个春秋。将这五年一路走来的酸甜苦辣尽数付诸笔端，现在也到了要停笔的时候。而随着这本小书的出版，心新教育理念将首次以书面形式出现在全国教育同仁的面前，一想到这里，我的心情久久不能平静。

心新教育是在教育改革全面深化的历史时刻做出的教育决定。本溪高中站在国家"十三五"发展的历史起点，结合基础教育的发展趋势，凝结了领导班子的教育理想和教育智慧，提出这样一个让本溪高中"从优秀到卓越"的教育理念，对彼时的本溪高中而言，这是发展道路上一个具有里程碑意义的顶层设计。

自本溪高中发源以来，心新教育始终将"心教育"与"新教育"两者结合为目标。"心教育"是回归心之本色，主张心灵养护、伦理养成、价值建构，以培育正心之人；"新教育"则主张培育核心素养、创新精神、国际视野，是追求新之高度，以培育持新之人。在这一追求身心和谐、创新卓越的教育理念指导下，本溪高中这一"老牌"强校焕发出全新的活力。

我在心新教育理念持续发挥作用的过程中，看到了它广泛推广的可能性。新时代教育将"培养创新人才"作为必达使命，走过三十余年的教育生涯，我将国家需要的"创新人才"归纳为富有独创性，具有创造力，能够提出并解决问题，对社会物质文明和精神文明建设作出创造性贡献的人。他们不仅需要具有坚实的理论基础、完整的知识结构、严谨的逻辑思维，同时还要有为真理献身的人文精神和生命态度。也就是说，

249

仅有创新意识和创新能力还不能算是新时代要求下的创新人才，现在的中国需要的是全面发展、个性独立、立足现实而又面向未来的人才。

对人才的高要求倒逼学校思考与探索创新人才培养的模式。我们需要从更新教育理念开始，将改变育人方式、关注学生素养、完善课程体系、改进教学方法、建设师资队伍、创设发展环境融入当今基础教育的全过程，为培养创新人才提供适宜的条件，给我们的学生、未来的创新人才一个展翅高飞的天空。于是，来到华迈中学，我对心新教育理念进行了"本土化"改进和概念性升华。华迈以"建设心灵品质，培养创新人才"作为心新教育出发点，目标是为海南自贸港建设培育本土优秀人才。为此，我告诉每一位华迈教师，我们要做有故事的教育，办有温度的学校，当有智慧的老师，育有情怀的学生。

结合教育的时代使命和学校的办学愿景，华迈中学致力于培养"从心启程，全新绽放"的未来建设者。即：有高尚情操、丰厚学养、身心健美的求知者；有自我觉知、自主发展、迈向卓越的创造者；有个人责任、家国情怀、国际视野的担当者。根据华迈中学近年来的办学成绩和育人成果来看，我们可以说是稳步走在预先设想的教育路径中。

在撰写这篇后记时，我心中仍然对心新教育理念的未来充满了信心与无限憧憬。在这个日新月异的时代，教育作为塑造未来社会的基石，在社会发展中起到越来越重要的作用。作为中学校长，在心新教育获得阶段性成果的同时，我一直在思考如何让其更加贴近未来时代的需求。

我相信未来一定是一个需要不断创新、不断突破的时代，学生将更加需要批判性思维、良好沟通能力、团队合作精神以及持续创新能力。因此，心新教育理念必须在现有的超越应试模式基础上，更加注重学生的情感的培养，铲除一切阻碍和错误观念，实现从心到新的发展与跨越。

"从心启程，全新绽放"这一口号，是我对心新教教育本质和未来发展规划深刻思考的结果。它不仅仅是一个口号，更是我对心新教育的一种明确要求。"从心启程"是以心为始，蕴育内生力，以恪守谦

后记　心赴山海，新赋华章

恭之心，不断发现自我、涵养自我、激励自我、提升自我；"全新绽放"是以新为终，培养发展力，以追求卓越之行，不断直面未来、应对未来、挑战未来、赢得未来。

在如此要求下，我相信，只要我们坚定不移地推进这一理念的实施，我们的学生将在这个充满挑战与机遇的时代中展现出更强的适应力和竞争力。他们将不仅具备扎实的知识基础，更将拥有敏锐的洞察力、独特的思维方式和强大的实践能力。他们将是未来社会的引领者和创造者。

当然，完全实现这一理念并非易事，尽管我们已经有了五年多的实践，心新教育理念仍然还要很多方面需要完善——它等待着我们全校师生共同努力和持续探索。华迈中学将不断改变育人方式、改革教学方法，引入更多元化的课程资源，让课堂变得更加生动有趣。我们还会注重培养学生的批判性思维和解决问题的能力，让他们学会面对挑战寻找答案。

在推进心新教育理念的过程中，我也在不断反思和总结。如今到了让更多人认识心新教育的关键节点，我们的心新团队需要不断成长进步，培育出更多优秀的创新人才，才能为心新教育在全国的亮相做好背书。同时，我也期待看到更多教育工作者能够加入到这一理念的实践中来，共同为教育事业的发展贡献自己的力量。

我也期待着心新教育能在全国教育领域留下它的名字。通过这本小书，我们分享华迈的实践经验、研究成果以及成功案例，如果有教育同仁稍微认识到心新教育的价值和意义，我将感到无比光荣。

对我而言，心新教育不仅仅是一个新的教育理念，更是我的教育信仰和追求。我将继续秉持这一理念不断探索，为培养更多具有创新精神和实践能力的人才而努力。我相信在未来，心新教育理念将不断发光发热，照亮华迈中学前行的道路，也为中国基础教育事业提供新的解题思路。

在教育这条充满希望的道路上，每一步都充满了挑战，但正是这些挑战，让每一位教育工作者更加坚定地前行。我期待着与各位同仁一起，心怀梦想，勇往直前，携手并进，昂首奋发，共同书写教育新篇章，共创心新未来！

　　衷心感谢华东师范大学副校长戴立益教授、教育部中小学校长和幼儿园园长国家级培训项目管理办公室主任于维涛教授、教育专家傅东缨先生在我个人成长道路上给予的关怀与指引，并亲自为本书作序；衷心感谢教育部中学校长培训中心主任李政涛、华东师范大学教育学院院长代蕊华、教育部中学校长培训中心副主任刘莉莉以及校长中心许多领导、老师们的帮助；衷心感谢本溪高中和华迈中学全体教师关于心新教育的实践与总结；我还要特别感谢14期全国优秀中学校长高级研究班我的班主任王俭老师、柳欣源老师，56期全国高中骨干校长高级研修班我的班主任韦保宁老师、王静老师，是他们给了我指导帮助，给了我无穷力量。还有许多领导老师的帮助不能一一道来，在这里一并表达感谢感激之情。

张喜忠

二〇二四年十一月

张喜忠校长与华迈学子在一起

附录

荣誉一览

序号	时间	荣誉/项目	颁奖/合作单位	级别
1	2020年8月	海南省足球特色示范校	海南省教育厅	省级
2	2020年9月	澄迈县2019-2020学年度十佳学校	中共澄迈县委、澄迈县人民政府	县级
3	2020年10月	世界机器人大赛总决赛一等奖	中国电子学会	国家级
4	2020年11月	海南大学经济学院社会实践与志愿服务基地	海南大学	高校
5	2021年1月	全国青少年校园足球特色学校	中华人民共和国教育部	国家级
6	2021年3月	澄迈县2020年度平安建设（综治）工作平安示范点	中共澄迈县委、澄迈县人民政府	县级
7	2021年6月	"永远跟党走，奋进新征程"澄迈县职工庆祝中国共产党成立100周年红色经典朗诵比赛一等奖	澄迈县总工会	县级

序号	时间	荣誉 / 项目	颁奖 / 合作单位	级别
8	2021年7月	在参加"方寸忆党史 书信寄党情"海南省中小学舒心征文大赛活动中，获得优秀组织奖	海南省教厅、中国邮政集团有限公司海南省分公司	省级
9	2021年7月	第七届全国青年科普创新实验暨作品大赛海南赛区荣获海南省优秀组织奖	海南省科学技术协会、海南省教育厅	省级
10	2021年8月	2021年世界物联网博览会青少年物联网创新创客教育大赛海南赛区优秀组织学校	海南省电子学会	省级
11	2021年9月	澄迈县2020-2021学年度十佳学校	中共澄迈县委、澄迈县人民政府	县级
12	2021年10月	2021年海南省第十届中小学艺术展演活动艺术表演类一等奖（高中合唱团）	海南省教育厅	省级
13	2021年10月	2021年海南省第十届中小学艺术展演活动艺术表演类一等奖（初中合唱团）	海南省教育厅	省级
14	2021年10月	中国共青团小平科技创新实验室	共青团中央青年发展部、中国青少年发展基金会	国家级
15	2021年12月	获2021年"奔跑吧·少年"儿童青少年主题健身活动（海南站）优秀奖	海南省教育厅、海南省旅游和文化广电体育厅	省级
16	2021年12月	全国"双减"背景下的作业设计与管理示范学校	中国关心下一代工作委员会教育发展中心、全国教育专家指导中心	国家级
17	2022年1月	2021年海南省电子学会电子信息智能创新科普奖"先进团体奖"	海南省电子学会	省级

序号	时间	荣誉/项目	颁奖/合作单位	级别
18	2022年2月	澄迈县食品安全标准化学校食堂	澄迈县教育局、澄迈县市场监督管理局	县级
19	2022年4月	澄迈县五四红旗团（总）支部	共青团澄迈县委员会	县级
20	2022年4月	在第十五届"地球小贴士"全国地理科普知识大赛中荣获"优秀组织奖"	中国地理学会	国家级
21	2022年6月	第二十三届海南省学生信息素养提升实践活动"科创实践"类活动，优秀组织单位	海南省教育研究培训院	省级
22	2022年6月	第八届全国青少年科普创新实验暨作品大赛（海南赛区）优秀组织奖	海南省科学技术协会、海南省教育厅	省级
23	2022年7月	澄迈县第四届中华经典诵写讲大赛优秀组织单位	澄迈县教育局、澄迈县语言文字工作委员会	县级
24	2022年7月	澄迈县先进基层党组织	中共澄迈县教育局机关委员会	县级
25	2022年9月	2022年海南省中小学德育工作先进集体	海南省教育厅	省级
26	2022年9月	澄迈县2021-2022学年度十佳学校	中共澄迈县委、澄迈县人民政府	县级
27	2022年11月	2022年澄迈县中小学生田径运动会（初中组）团体总分第一名	澄迈县教育局	县级

序号	时间	荣誉/项目	颁奖/合作单位	级别
28	2022年11月	2022年澄迈县中小学生田径运动会体育道德风尚奖	澄迈县教育局	县级
29	2022年11月	2022年澄迈县中小学生田径运动会优秀组织奖	澄迈县教育局	省级
30	2022年11月	海南省最美阅读空间	海南省教育厅	省级
31	2022年11月	2022年"澄心向党"短视频大赛集体组一等奖	共青团澄迈县委、澄迈县教育局、澄迈县少工委	县级
32	2022年12月	电子信息智能创新科普奖"先进团体奖"	海南省电子学会	省级
33	2023年1月	海南省食品安全标准化学校食堂（2022年度）	海南省教育厅、海南省市场监督管理局	省级
34	2023年4月	澄迈县2022年度"青年大学习"先进集体	共青团澄迈县委员会	县级
35	2023年4月	澄迈县五四红旗团（总）支部	共青团澄迈县委员会	县级
36	2023年4月	获得海南省五一劳动奖状	海南省总工会	省级
37	2023年5月	荣获海南省第二十四届中学生（初中）理科实验操作竞赛活动团体二等奖	海南省教育厅	省级

序号	时间	荣誉/项目	颁奖/合作单位	级别
38	2023年6月	"童心向党 传承红色基因 培育时代新人"歌咏活动 暨庆"七一"大合唱比赛一等奖	澄迈县文明办、澄迈县教育局、共青团澄迈县委、澄迈县妇联、澄迈县少工委	县级
39	2023年7月	澄迈县先进基层党组织	中共澄迈县教育局机关委员会	县级
40	2023年7月	海南省一级甲等学校	海南省旅游和文化广电体育厅、海南省教育厅	省级
41	2023年9月	2022-2023学年度澄迈县十佳学校	中共澄迈县委、澄迈县人民政府	县级
42	2023年9月	2022-2023学年中国"芯"助力中国梦——全国青少年通信科技创新大赛优秀组织单位	中国通信工业协会	国家级
43	2023年9月	2023年澄迈县中小学课桌舞、大课间舞比赛初中组一等奖	澄迈县教育局	县级
44	2023年9月	2023年澄迈县中小学生校园足球联赛初中组冠军	澄迈县教育局	县级
45	2023年9月	2023年澄迈县中小学生校园足球联赛高中组冠军	澄迈县教育局	县级
46	2023年9月	2023年澄迈县中小学生校园足球联赛优秀组织奖	澄迈县教育局	县级
47	2023年9月	义务教育学校课程规划及实施优秀案例评选海南省一等奖	海南省教育研究培训院	省级

序号	时间	荣誉/项目	颁奖/合作单位	级别
48	2023年9月	海南省中小学教育信息化应用示范校	海南省教育厅	省级
49	2023年11月	澄迈县"立足岗位、解放思想、担当作为、开拓创新"先进集体	中共澄迈县委、澄迈县人民政府	县级
50	2023年12月	海南省智慧校园试点校	海南省教育厅	省级
51	2023年12月	海南省中小学创新实验空间（室）示范校	海南省教育厅	省级
52	2023年12月	海南省2023年省级防震减灾科普示范校	海南省地震局、海南省教育厅	省级
53	2023年12月	海南省苏学研究会理事单位	中共海南省苏学研究会支部委员会、海南省苏学研究会	省级
54	2024年4月	教育部基地重大课题《大中小学思政课一体化建设与新时代德育研究》实验校	教育部人文社科重点研究基地中国人民大学伦理学与道德建设研究中心 北京叶圣陶教育发展与创新研究院	国家级
55	2024年4月	北京大学思想政治实践课教育基地	北京大学	高校
56	2024年6月	澄迈县第五届中小学艺术展演活动优秀组织单位	澄迈县教育局	县级
57	2024年7月	澄迈县先进基层党组织	中共澄迈县教育局机关委员会	省级

序号	时间	荣誉/项目	颁奖/合作单位	级别
58	2024年8月	全国无人机大赛优秀参赛学校	中国航空学会	国家级
59	2024年8月	海南省先进基层党组织	中共海南省委省直属机关工作委员会	省级
60	2024年9月	澄迈县2023-2024学年度十佳学校	中共澄迈县委、澄迈县人民政府	县级